SİNAN CANAN

İFA

İNSANIN FABRİKA AYARLARI

SINIRLARI AŞMAK

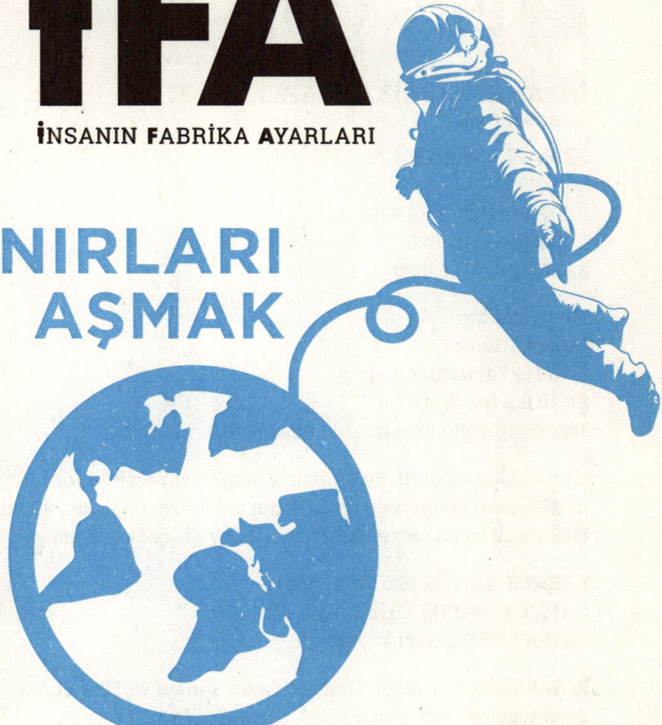

tutikitap

İNSANIN FABRİKA AYARLARI - III
Sınırları Aşmak

SİNAN CANAN

ISBN: 978-605-9218-73-3
1. Baskı: Eylül 2020
3. Baskı: Aralık 2020

KREATİF EDİTÖR: Elif Hilâl Doğan
KAPAK TASARIM: Özle Çetinkaya
SAYFA DÜZENİ: Melik Uyar

İÇ BASKI/CİLT: İnkılap Kitabevi Yayın Sanayi ve Ticaret A.Ş.
Çobançeşme Mah. Sanayi Cad. Altay Sk. No:8
Yenibosna / İstanbul Tel: (212) 496 11 11
Matbaa Sertifika No: 44066

TUTİ KİTAP
Bağdat Cad. No:167/2 Çatırlı Apt. B Blok D:4
Göztepe / Kadıköy / İstanbul
Tel: (216) 359 10 20 Faks: (216) 359 40 92
www.tuti.com.tr
tutikitap@tuti.com.tr
/tutikitap
/tutikitap
/tutikitap

SİNAN CANAN

İFA

İNSANIN FABRİKA AYARLARI

SINIRLARI AŞMAK

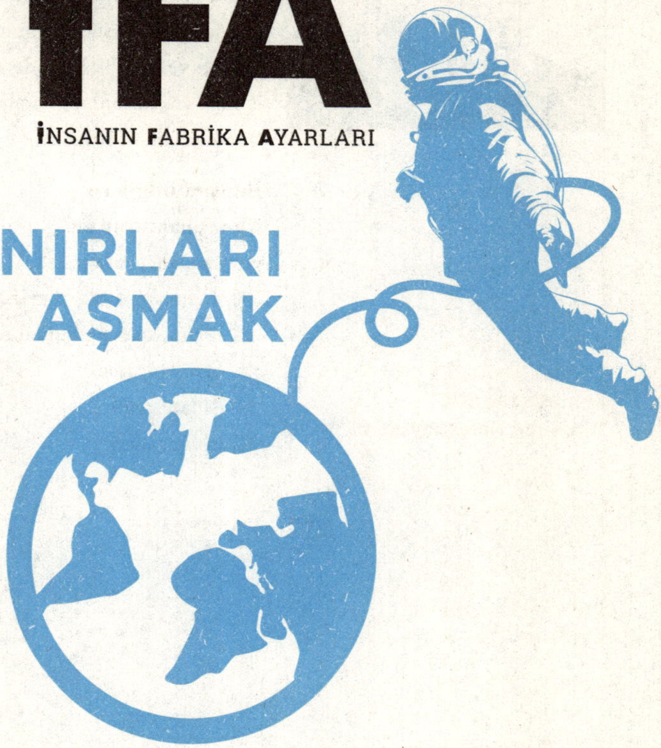

tutikitap

SİNAN CANAN

Üç çocuk babası; biyoloji mezunu; fizyoloji doktoru; sinirbilim sevdalısı; "kaotik ve fraktal" olan her şeye tutkun; bilgiye ve hikmete dair her öğrendiğini herkese anlatma takıntısından muztarip; hayatın tek bir işle uğraşmak için fazla uzun, insanın ise tek bir işle ömrünü tüketmek için fazla karmaşık olduğuna ikna olmuş; hikmet ve şahitlik peşinde, nefes alan, yemeyi-içmeyi seven; zanları, hataları ve kusurları ile insanlardan bir insan...

İletişim Bilgileri:

www.sinancanan.net

www.acikbeyin.com.tr

sinancanan@acikbeyin.com

sinan.canan@uskudar.edu.tr

/drsinancanan

/sinancanan

/sinancanan

İÇİNDEKİLER

Bir bakışta İFA, "İnsanın Fabrika Ayarları"

İFA-1: BEDEN

Hareket

İnsan bedeni oturmak ve hareketsiz kalmak için tasarlanmamıştır. Hareketsizlik bizi hasta eder.

Az, Çeşitli ve Aralıklı Yemek

Doğada hayatta kalmak için uyumlanmış beslenme sistemimiz, modern dünyada aşırı beslenme sorunlarından dolayı başımıza büyük dert oluyor.

İFA-2: İLİŞKİLER VE STRES

Olumlu ve Zengin Sosyal İlişkiler

Diğer insanlar olmadan, sevmeden ve sevilmeden, güvenebileceğimiz az sayıda insanla beraber olamadan yaşayamıyoruz; ömrümüz kısalıyor ve erkenden ölüyoruz.

Düşük Stresli Bir Yaşam

Doğal ortamımızdan kopup şehirlere yerleşmeye başladığımızdan beri en önemli sorunumuz, doğada işimize çok yarayan stres sisteminin her gün aktif olması. Stresi yönetmeyi öğrenmeliyiz.

İFA-3: SINIRLARI AŞMAK

Sınırları Aşmak

İnsan; içinde bulduğu biyolojik, sosyal, kültürel ve teknik sınırları aşmak gibi bir güdüyle dünyaya gelir. Bu güdüyü bir şekilde tatmin edemeyenler mutsuz yahut hasta olurlar. Biyolojik, kültürel, psikolojik ve teknik sınırları zorlama güdüsünün biyolojik temellerini anlamak, bu güdüyü ne yönde kullanmamız gerektiğini de büyük oranda aydınlatmaktadır.

İFA - 5

SINIRLARI AŞMAK

"Eğer bile bile gücünüzün yettiğinden
daha azı olmayı planlıyorsanız sizi uyarıyorum:
Hayatınızın geri kalan kısmında mutsuz olacaksınız.
Kendi yeteneklerinizden ve imkânlarınızdan
kaçıyor olacaksınız..."
Abraham Maslow

TATMİN OLAMAYAN BİR CANLI: İNSAN

Kendinizi bambaşka şartlar altında düşlediniz mi hiç?[1] Farklı imkânlara sahip, farklı bir zamanda yaşayan, bambaşka güçlere ve yeteneklere sahip biri olmayı hepimiz en azından birkaç kez hayal etmişizdir. Şimdi sizi bir başka hayale davet edeceğim. Dünyada düşünebileceğiniz en olumsuz koşullarda doğmuş olduğunuzu hayal edin. Evet, hayal edebileceğinizin en kötüsünü... Afrika'da bir lokma yiyecek bulamayan yoksul bir kabile ailesinin hayatta kalmayı bir şekilde başarmış 12 çocuğundan sonuncusu yahut dünyayı kasıp kavuran İkinci Dünya Savaşı sırasında Almanya'da yaşayan, anne ve babası ile toplama kampına gönderilen Yahudi bir çocuk olarak dünyaya geldiğinizi düşünün bir... Veya hiçbir teknolojinin henüz icat edilmediği 200 bin yıl önceki bir mağarada yahut aşırı nüfus yoğunluğundan dolayı insanların 30 yaşına geldiğinde zehirlenerek öldürüldüğü, tüm hasta ve sakatların doğmadan önce ortadan kaldırıldığı distopik bir gelecekte, bizzat siz olarak, şu ana kadar var olan tüm özelliklerinizle, aynen böylece doğduğunuzu düşünün. Nasıl bir hayatınız olurdu?

1 Bu satırları yazdığım ilk zamanlarda dünya hepimiz için "gayet normal" bir yerdi. Fakat aylar sonra, son kontrolleri yaptığım 2020 Nisan ayı itibariyle, tüm dünya insanları Covid-19 kod adlı bir salgın virüs hastalığının şaşkınlığını yaşıyor. Artık çoğumuz kendimizi hiç ummadığımız "bambaşka" şartlar altında buluverdik! Bu bölümde yazılan birçok şeyin kitap henüz tamamlanmadan bu denli ani bir şekilde gerçekleşmesi, dürüst olmalıyım ki beni de oldukça şaşırttı... Sanırım bu durumu "zamanın ruhu" dedikleri şeye bağlamak en mantıklısı olacak. Umarım bu bölümde yazılanlar, şu küresel şaşkınlığımız içinde hepimize yol gösterici ipuçları verir.

Lütfen detaylıca düşünün. Keyif aldığınız hiçbir şey, sevdiğiniz insanlardan hiç kimse, "onsuz yaşayamam" dediklerinizin hiçbiri yok. Bebekliğinizden bu yaşınıza kadar hasbelkader hayatta kalmış olduğunuzu ve neler yaşamış olabileceğinizi düşünün. Geçireceğiniz travmaları, yaşayacağınız korkuları, imkânsızlıkları, telaşları, sevinçleri, üzüntüleri (...) ve o yaşadıklarınızın sonucunda nasıl bir insana dönüşebileceğinizi de hayal etmeye çalışın.

Bu egzersize hiç olmazsa bir üç-beş dakika zaman ayırdıysanız, şimdi size bir teklifim daha olacak. O hayalden çıkıp şu anki "sıradan" hayatınıza çevirin zihninizi. İyice bir bakın; etraflıca... Nasıl görünüyor? Belki zaman zaman canınızı sıkan, bazen sizi kızdıran, kendinizi sıkışmış hissettiren, sürekli eksiklikleri ile sizi daraltıyor gözüken bu hayat şimdi nasıl görünüyor?

"Şikâyet ettiğiniz sıradan hayatınız, belki bir başkasının hayalidir."[2] sözü, ilk duyduğumda beni çok etkilemişti. Öyle ya; aslında çoğumuz, başka milyonlarca insanın sahip olmak için canını tehlikeye atmaktan çekinmeyeceği nice imkânlarla donatılmışız. Şu anda elinizde tuttuğunuz satırları okuyabilmekle dünyada çok küçük bir şanslı yüzdenin içine giriyorsunuz: Temel düzeyde de olsa eğitim alabilmiş, okuma yazma öğrenmiş, temiz içme suyu ve temel gıdalara ulaşabilmiş, kitap okuyacak kadar zaman bulabilmiş, hayatta kalma endişesini aşıp daha fazla bir şeyler öğrenme arayışına girebilmiş, genel olarak (veya kısmen de olsa) sağlıklı biçimde hayatta kalabilmiş o şanslı yüzde birkaçlık dilimdeki insanlardan birisiniz. Fakat huyumuz kurusun, çoğu zaman bu paha biçilmez hediyeyi fark edemeyecek kadar meşgul yahut şikâyetçiyiz.

Peki, hayatımız bize normalde neden öyle görünmüyor? Neden biri "Şanslısın, kıymetini bil!" dediğinde, bu bize çoğu zaman pek de anlamlı gelmiyor? Hatta bazen böyle hatırlatmalara neden kızıyoruz?

İnsan; yetinemeyen, tatmin olamayan bir canlıdır. Bu onun ana kurgusunun temel taşlarından biridir. Karnı tok, güvende ve sağlıklı olduğunda yerinde pek duramaz ve sıklıkla yeni arayışlara girer. Sorgulamaya, yapılmamışı yapmanın yollarına kafa yormaya

2 Lev Nikolayeviç Tolstoy.

başlar. Riskler alır. Dener, yanılır, tekrar dener ve elinde olmadan hem dünyayı hem de kendini adım adım değiştirir.

Kendimizi ansızın içinde bulduğumuz bu hayat, nerede ve ne koşulda doğarsak doğalım, sürekli bizim için "aşılması gereken" sorunlar sunar. Temel yaşamsal ihtiyaçlar eksikse bunların giderilmesinin, onlar tamamsa başka psikolojik ihtiyaçların hallinin yolları ana konumuz olur.

Elimizdeki imkânlar ne kadar büyük olursa olsun gerek maddî gerekse mânevî imkânlarımızı genişletme konusunda devamlı bir hareket ihtiyacı hissederiz. Çoğu insansa bu hissi duyamayacak kadar meşgul hayatlar sürdürür. Hatta bazısı doğrudan bunu tercih eder ki içinde bulunduğu o zengin rutini kırıp ne kendi rahatını ne de başkasının rahatını kaçırmasın.

İnsan topluluğunun yerleşik hayata geçişi ve gittikçe kalabalıklaşmasıyla birlikte, insanın "çıkıntılık yapan" bu tip arızalı özelliklerini bir şekilde zapt etme ihtiyacı ortaya çıkmış olmalı. Yerleşik hayattan önceki hayatımızda muhtemelen hiç yeri olmayan (zira tabiatta da hiç rastlamadığımız) "kanunlar" ve "kurallar", hayatımızı düzene sokabilmek ve bizi belli bir rayda tutabilmek için ihdas edilmeye başlanmış görünüyor. Zaten tabiatta kanunlar değil "âdetler" vardır; evrilir ve değişirler. Fakat insan, en azından belli bir zaman büyük enerji harcayarak sabit tutmaya gayret ettiği "kural" ve "kanunlar" koyar. Bunların amacı, kurduğumuz modelin olabildiğince sorunsuz işlemesidir. Tüm Batı ülkelerindeki siyasetçi, diplomat veya resmî görevle görevli çalışanların boyunlarına taktıkları tuhaf renkli uzun ve anlamsız bez aksesuar yani kravat, her görüşümde bana bu kuralları bir bütün olarak çağrıştırır. Çoğu kuralımız, tabiatın işleyiş mantığına kıyasla kravat kadar yakışıksız, anlamsız, kısıtlayıcı ve işlevsizdir. Fakat bizim bir şekilde işimize yararlar. Mesela kravat takan birini yahut kravat taktığımızda bizzat kendimizi zihnen farklı bir yere konumlandırırız. Ciddiyetimizi takınmaya başlarız.[3] Davranışlarımızı etkileyen bir semboldür kravat.

---

3 Psikolojide "beyaz önlük etkisi" (white-coat effect) olarak geçen bu etki, tıpta yine benzer bir adla bilinen "beyaz önlük tansiyonu" denen bir durumla ilgili-

Miami'de katılmak zorunda kaldığım bir akşam yemeği öncesinde, yemeğin bir "*black tie event*" olduğu bilgisi geldi. Yani siyah takım elbise zorunluluğu varmış. Bırakınız Amerika seyahatimde yanımda takım elbise taşımayı, evde tek bir tane bile takım elbisesi olmayan biri olarak sevinçli bir şekilde, "madem öyle, o zaman toplantıya katılamayacağımı" bildirdim. Fakat baş konuk ekibinden birisi olarak katılmamın zorunlu olduğunu söylediklerinde, yanımda ihtiyâten bulunan beyaz ve derviş yaka gömleğim ile kot pantolonumu giyerek davete icabet ettim. O akşamki izlenimlerim gerçekten ayrı bir kitapçık konusu olabilir. Ancak burada konumuzu ilgilendiren kısmı şu: Her gün rahat ettiğim kıyafetler, o gün hem bana hem de herkese adeta "battı". Sosyal kuralları belirli amaçlarla belirlenmiş bu tip organizasyonlara katılıyorsanız ortama uymanın iyi bir fikir olacağını bana bir kez daha öğreten bir gece geçirdim. Başıma kötü bir şey gelmedi; konuştuğum herkes "kıyafetimi çok beğendiğini" (!) belirtmeden geçemedi ve çok da eğlendik. Ama hissedilen "uygunsuzluk", insan olmanın ve diğer insanlarla bir arada bulunmanın dinamikleri hakkında oldukça öğreticiydi.

Sosyal bir canlı olarak diğerleri ile bir arada kalmak ve uyumlu davranışlar gösterebilmek için ortak bazı kural ve inançları kabul etmemiz gerekir. Fakat bireysel hayatımız genellikle bu kurallara pek sığmaz. Bu nedenle çoğu insan sosyal hayatı ve özel hayatı arasında bir ayrım yaşar. Sokakta, evde davrandığı gibi davranmaz. Her düşüncesini eyleme dökmemesi gerektiğini bilir. İnsanın toplum içindeyken ön beyninin frenlerini sıklıkla devreye sokması gerekirken, daha samimi olduğu veya yalnız olduğu ortamlarda bulunan bir kişi ise daha rahat davranır. Bu toplum sağlığı için elbette iyi bir şeydir. Fakat her birimizin içinde o kendimize has tarzımız, hayallerimiz, meşgalelerimiz ve adına iç dünya

---

dir. Kişilerin tansiyon ölçümleri beyaz önlüklü bir doktor tarafından alınırsa bir miktar daha yüksek ölçülür; zira insanlar beyaz önlük karşısında normalden biraz daha heyecanlıdırlar. Sosyal beyaz önlük etkisinde ise kişiler, karşılarında takım elbiseli yahut doktor önlüğü gibi profesyonel kıyafetli insanları görünce, onların söylediklerini daha ciddiye alma eğilimindedirler. Bu kıyafetleri giyen kişilerde de benzer bir değişim görülür: Kendilerine normalden daha çok güvenir ve daha isabetli, daha cesur kararlar alabilirler.

dediğimiz o zengin iç evrenimiz, varlığını her zaman sürdürmeye devam eder; biz onu sosyal kural ve teamüllerin ardına ne kadar gizlersek gizleyelim...

AKINTIYLA GİTMEK, AKINTIDA YÜZMEK

İnsanların sosyal kurallara uyması şüphesiz bize büyük rahatlık sağlar. Birlikte iş görebilme ve sosyal organizasyonun hatasız işlemesi için kurallara ihtiyacımız vardır. Fakat biz medeniyetin "icadından" beri geçen zaman ve nesiller boyunca, medeniyetin kuralları içinde yaşamaya o kadar alıştık ki, bu kuralların olmadığı yüz binlerce yılda bizi tabiatta hayatta tutan düşünüş ve davranış kalıplarımızın çoğunu modern hayat içinde susturmak ve bastırmak zorunda kaldığımızı göremez hale geldik. Binlerce yıllık kanun, kural, teamül, gelenek ve alışkanlıklarımız bize sanki "insanın doğası böyleymiş" gibi gelecek kadar içsel kontrol unsurlarına dönüşmüş gözüküyor.

Avcı-toplayıcı dönemlerde neredeyse her bir bireyin hayatta kalmak için devamlı yeni çözümler aramak, sürekli risk almak ve kaotik bir yaşam örgüsünde yolunu yenilikçi yöntemlerle bulabilmek gibi kadim ihtiyaçları olduğunu rahatlıkla öngörebiliriz. Bu kadar zorlayıcı bir ortamda şekillenmiş ve seçilmiş canlıların; kendi yarattığı kurallar örgüsünde tıkır tıkır işleyen, bolluk ve güvenlik hedefi üzerine inşa edilmiş günümüz medeniyeti içinde bir türlü rahat edememesi de gayet doğal karşılanabilir. Çünkü temel yapısı ve kadim dürtüleri, onu sürekli sınırlarını zorlamaya, yenilikler yaratmaya ve riskli denemelere iter. Şehir hayatı ise bunları sevmez; şehirde düzen, tertip, kurallar ve belirli bir ortak davranış örüntüsü vardır. Bunların dışında davranış gösterenler huzuru ve asayişi bozar; en azından sistemin işleyişinde öngörülemez rahatsızlıklara sebep olma potansiyeli taşırlar. Böyle durumların yaşanmaması için de elimizden geleni yaparız. Ailemiz, kültürel olarak aldıkları "kural dizgelerini" sözsüz olarak, davranışlarıyla bize aktarır. Eğitim de bunları pekiştirir; bizi "iyi yurttaşlar" haline getirmek için tasarlanmış müfredatlarıyla kafamızı dipten tavana formatlar. Kültürün bizlerde yerleştirdiği hedef, hayal ve arzuların peşinde sorgulamadan koşmaya başlarız. Sürekli çalışırız, sürekli başarılı olmaya uğraşırız; hedefini dahi bilmediğimiz bir akıntıda diğerleriyle uyum içinde akıp giderken "kim olduğumuzu" ve "ne yapmak için burada bulunduğumuzu" sormaya bile fırsat bulamayabiliriz.

Bir birey olarak toplum içinde yaşadığımızda belirgin bir "akıntı" içindeyizdir. Bu akıntı, tüm toplumu yönlendiren genel inanç, değer, kabul ve geleneklerden oluşan karmaşık bir sürücü güçtür. Toplumun bize öğrettiği değerleri ne kadar içten benimsersek, akıntıya o kadar sorunsuz katkıda bulunur, toplumun "debi"sini yükseltir ve ortak gücü desteklemiş oluruz. Bazense akıntıya itiraz eden, ondan farklı bir yöne gitmek isteyen bireyler çıkar. Hem de bu öyle pek nâdir de olmaz. Özellikle gençlerde sıra dışı olmak, kendilerine konan sınırları zorlamak gibi dürtüler çok açıkça baskın hale gelebilir. Bu tip "akıntıya ters" davranış ve düşünceler, aynen akan bir nehirde olduğu gibi türbülansa, girdaplara ve neticede bir enerji kaybına neden olacaktır. Genel akıntıyı yavaşlatma riski taşıyan bu tip durumları en aza indirmek için de bu tip istenmeyen davranışları baskılayacak her türlü önlemi almak şarttır. İşte eğitim, kültür, değerler ve inançlar şeklinde grupladığımız o zihinsel kodların büyük kısmı böyle bir sıradanlaştırmaya hizmet eder. Fakat ne yaparsanız yapın; çizgi dışı, anarşist, sorgulayıcı, denenmemişi denemeye kalkan, düzeni bozan ve arıza çıkartan tiplerle her zaman karşılaşırsınız. Bu bir arıza değildir, (diğer *İFA* maddeleri gibi) kadim kuralların tüm çabalara rağmen sıklıkla gün yüzüne çıkmalarının işaretidir. Zira insan, sınırlar içinde mutlu mesut yaşamaya değil, sınırlarını aşmaya ve yenilikler keşfetmeye ayarlı özel bir varlıktır. Bunu sadece geçici bir süre unutabilir ama bu temel içgüdü, er ya da geç ya riskli atılımlar ya ani aydınlanmalar yahut suç veya bunalımlar gibi istenmeyen sonuçlar olarak kendini bir şekilde gösterecektir. İnsanın bu güdünün baskısına ömür boyu direnebilmesi çok zordur.

Akıntıyla gitmek uzun sürede bizi yoruyor gibi görünüyor. Bu bölümdeki amaçlarımdan biri de var olan toplumsal akıntı içinde kendi Akış'ımızı nasıl oluşturabileceğimize dair bir çerçeve çizmek olacak.

BEDENİMİZİN KADERİ

İnsan bedeni, diğer canlılarla aynı temel yapıya sahip olmasına rağmen eksiklik ve çıplaklığıyla büyük bir fark gösteriyor demiştik (bkz. *İFA-1. Kitap: Beden*). Bizi zeki ve sıra dışı olmaya zorlayan şey de işte bu bedensel yetersizliğimiz olmuş gibi görünüyor. Bedenimizin diğer benzer bedenlere göre çok daha iyi yaptığı şeyler; iki ayak üzerinde durmak, yürümek, koşmak ve terlemektir. Bu "yeni" özellikler, Homo cinsinin geniş bir alana yayılması ve tüm rakiplerine üstünlük sağlaması için en önemli özelliklerinden gibi duruyor.

Bedenimizin bir başka özelliği, neredeyse hiçbir işe tam olarak uygun olmamasıdır. Bedenimiz hiçbir ortama doğrudan uyum sağlayarak yaşamamıza imkân vermez. Ağaçlara tırmanmaya, dallara tutunmaya, sert besinleri tüketmeye veya sulak, sıcak, soğuk yerlerde yaşamaya doğrudan uyumlu bir bedenimiz yoktur. İnsanın bedeninin bu "uzmanlaşmamış" hali, bir başka açıdan ona ilginç bir avantaj daha sağlar: Bu zayıf beden, girişilecek birçok işte ve uyum sağlanacak birçok ortamda yepyeni çözüm ve uyum imkânları keşfetmemize olanak verir. Ağaçların dallarına kolayca tutunup tırmanacak ellerimiz ve kuyruklarımız olsaydı, böyle parlak icatlar geliştirmemize hiç gerek kalmazdı. Nitekim mesela maymunlar tam olarak böyle, sahip oldukları donanımları ile mutlu mesut yaşayıp gitmekteler.

Bu acemi beden, deneyimle ustalaşma becerisine sahiptir. Farklı ortamlara yerleşen insan grupları, bin yıllar içinde ve nesiller boyunca o bölgelerdeki şartlara uygun adaptasyonlar geçirerek, ufak tefek farklılıklarla her türlü çevreye gayet kolay uyum sağlayabilmiştir. Mesela kuzey enlemlerindeki soğuk bölgelere yerleşen gruplar, bugün Eskimolarda olduğu gibi görece daha küçük, bol yağlı bir beden ile kısa kol ve bacaklarla, bedenlerindeki ısı kaybını en aza indirecek şekilde ortamlarına uyum gösterirler. Öte yandan Afrika savanlarında yaşayan kabilelere mensup insanların bedenleri genellikle daha zayıf, uzun ve bol ter bezi ile dışarıya ısı transferini çok daha hızlı yapabilen versiyonlardır. Bu tip farklılıklara rağmen, tüm farklı insan çeşitliliği birbiri ile çok ama çok yakın akrabadır ve aralarında bir "ırklaşma"dan bile bahsedemeyiz; yani genetik farklılıkları çok küçüktür. Bunun anlamı, Homo sapiens sapiens'in temel yapısının bu ve bunun gibi onlarca farklı adaptasyonu içinde taşıyacak kadar çok amaçlı olması ve adaptasyon yeteneği ileri düzeyde yüksek bir beden tasarımına dayanmasıdır.

Yakın kuzenlerimiz Neanderthallerin 50 bin yıl öncesine kadar bütün Avrasya bölgesine dağılmış olmalarına rağmen bugün soylarının tükenmesinin sırrı belki de onların beden yapılarında gizlidir. Özellikle soğuk Kuzey Avrupa iklimlerine uyumlu aşırı kaslı, tıknaz ve kısa bedenleri ile Neanderthaller ileri düzeyde özelleşmiş, yani belirli iklim koşullarına ileri düzeyde uyum sağlamış canlılardı. Son dönemlerinde soylarının tükenmesine neden olan etkiler hâlâ tartışmalı olsa da bundaki en büyük etkenin hızla değişen ve ısınmaya başlayan atmosfer koşulları olduğunda araştırmacıların çoğu hemfikirdir. Buradan alınacak temel hisse şu olsa gerektir: Bizlerin ataları olan Homo sapiens öncülleri, hiçbir ortama tam uyum göstermemiş ama her türlü ortama göre uyum sağlayabilme potansiyeli taşıyan uzmanlaşmamış bedenleri ile bu değişken dünya şartlarında ipi göğüsleyen şampiyon Hominid türü olmuş gibi görünüyor. Dolayısıyla bu beden, birbirinden çok farklı koşullara uyum sağlayabilme potansiyeli taşıyor. Buna bir de bireysel çeşitliliği yani her birimizin diğerlerinden farklı özelliklerle dünyaya gelişimizi eklersek, insanların nesiller içerisinde ne kadar farklı koşullara uyum sağlayabilecek çeşitler üretebileceğini biraz anlamaya başlayabiliriz.

Bu tarihçenin burada bizi bireysel olarak ilgilendiren kısmı şudur: Tabiattaki "imkânsız" koşullarda hayatta kalmak, hatta galip gelmek üzere bütün canlı türleri gibi incelikle uyumlanmış insan türünün bireyleri olarak, pek az yeteneğimiz doğuştan gelir. Aklınıza gelebilecek tüm insan başarıları bu nedenle dehâdan yahut şanslı doğmaktan değil, bu çok potansiyelli bedenin ve aşırı gelişmiş zihinsel donanımın imkânlarının "çalışma ve deneme" ile keşfedilmesiyle, geliştirilmesiyle oluşur.

Hiçbirimiz yaşayacağımız hayatın detayları genetik kaderimizde programlanmış olarak buraya gelmiyoruz.[4] Bir kurbağadan, bir semenderden, bir çınar ağacından, bir zürafadan yani herhangi bir canlı tekinden en büyük farkımız; bir "primat" olarak dünyaya gelip kimsenin hayal dahi edemeyeceği şeyler yapabilme, kimsenin düşünemeyeceği bir insana dönüşme potansiyelimizdir. Hepimize yerleştirilmiş bu gizli güç; yaşama başladığımız yer, zaman, kültür ve coğrafyanın yanı sıra yaşamda alacağımız kararlar ve kendi üzerimizde girişeceğimiz denemelerle öngörülemez derece ve şekillerde gerçeğe dönüşür ya da hiç dönüşmeyebilir. Bu konuya "ben nedir" ve "ben'i genişletmek" bahisleri altında az sonra yine döneceğiz.

İNSANIN EN KISA TANIMI

Sürekli insan davranışlarının kökenleri konusunda çalışan ve eğitim veren bir insan olarak, özellikle medyada "İnsan nedir?" sorusuna çokça muhatap olanlardanım. Böyle doğrudan sorulmasa da genellikle cevabı aranan bir sorudur bu. Aslında ne olduğumuzu, hakikatimizi hep merak ederiz. Bu merak da aslında "bundan ibaret olmadığımızı" yani günlük hayatta bize uygun görülen tanım ve tariflerin bizi kapsamadığını zımnen kolayca anlayabiliyor olmamızdan gelir. Bir gün yine bir TV programında bu minvalde bir dizi soruyu yanıtlarken dilime gelen bir tanım, sanıyorum bulabildiğim en kısa insan tanımı oldu ve o günden beri bunu hep kullanıyorum: **İnsan, karnı doyduğu zaman sorun çıkartan tek canlıdır.**

---

4 Bu noktada kafa karışıklığını azaltmak için sıklıkla kullandığımız bazı terimlere yeni açılımlar vermek yerinde olabilir. Mesela **genetik** ve **kalıtsal** kelimelerini genellikle eş anlamlı kullanırız; fakat genetik, adı üstünde, sadece "genler" yani hücrelerimizdeki nükleik asit kodları üzerine kodlanmış biyolojik veri aracılığıyla nesilden nesile aktarılan ve sıklıkla değişime maruz kalan genetik bilgiyi ve onun içeriğini ifade eder. Kalıtım ise yaygın olarak genetik bilginin aktarımı anlamında kullanılsa da daha geniş bir kapsamı da işaret edebilir. İleriki bölümlerde bahsedeceğimiz genetik kodun dışında kalan ve yine ilk yetişme çevremiz tarafından mecburî olarak bize aktarılan epigenetik, kültürel ve bilişsel kodlar, hayatımızın ve zihinsel çerçevemizin şekillenmesinde çok belirleyicidir. Yani "kalıtsal" derken, genetik kodlarla birlikte tüm bu genetik dışı faktörleri de dahil eden daha kapsayıcı bir çerçeve düşünebilirsek, kalıtım denen sürecin etkisini daha iyi anlayabiliriz.

GÖRSEL 1: Diğer canlılarla aramızdaki temel farkın belki de en veciz ifadelerinden biri bu karikatür olsa gerektir.

İlk dile getirdiğimde, program yöneticisi ve diğer katılımcılar bu söze bir hayli gülmüşlerdi. Daha sonra nerede dile getirsem, neredeyse hepsinde benzer bir tepki aldım. Bu tanım çoğu insanı hemen güldürür çünkü onlara çok ama çok tanıdıktır. Mizahın temellerinden biri de kendimizle dalga geçebilmek olduğundan, bu tanım bizlere "mizahî denebilecek kadar gerçekçi" gelir zira hepimizin ortak bir halini anlatır.

Sadece "şükürsüz" değildir insan. Her zaman daha fazlasını ister. Hayatta kalmayla ilgili endişeleri bittiği anda, hayatın anlamı ile ilgili sorunlara takar kafasını. Ölüm gelmeden yapabileceklerini tahayyül etmeden duramaz. Elindeki imkânlar ne kadar büyük olursa olsun, yaşayabileceği alternatif deneyimlerin sınırsızlığının farkına vardıkça gönlünü hep daha fazlası, daha ötesi, daha heyecanlısı işgal eder. Elbette her zaman değil; ilk gençlikte, sonra sıklıkla orta yaşlarda ve yaşlılık döneminde (harekete geçemese bile) özlemler olarak kendini gösterir bu garip hisler. Cenneti özler hiç değilse. Bu hayatın ona yetmediğini bilir.

Zenginliğin doruğunda yaşayan birçok insan da anlam sorunları yaşar. Yatlarda, köşklerde, maddî imkânların zirvesindeyken bile içi sıkılabilir, bunalımlara girebilir, "Hepsi bu kadar mı?" sorusu sürekli zihnini kemirir hale gelebilir. Biyolojik âlemdeki akrabalarımız arasında böyle bir durumun esamisi okunmaz. Tüm canlılar, karınları tok ve güvende olduklarında rahattırlar. Ama insan, biyolojik ihtiyaçlarını giderdiğinde insanî ihtiyaçlarının çağrısına kulak vermek durumundadır artık. Bedensel ihtiyaçlarının hemen peşinden düşünmek, sorgulamak, araştırmak, anlamak, anlam vermek, keşfetmek, icat etmek, birleştirmek, yenilikler yaratmak, sanat üretmek gibi bir dizi garip ihtiyaç sökün eder. Elbette bunu herkeste her zaman görmeyiz ama çok sayıda insan böyle tuhaf, çoğumuza anlaşılmaz gelen girişimlerin peşinde ömrünü harcayabilir.

Çeyrek asrı aşkın süreyle kurumsal hayatta "beyaz yakalı" olarak çalışmış olan bir arkadaşımız, hayatını artık başka şekilde devam ettirmek istediğini, canı isteyince geçici işlerde çalışmaya ve bolca gezmeye karar verdiğini söylediğinde, etrafındaki çoğu insan onu garipsedi. Annesi onun durumunu veciz bir şekilde "buna rahat battı" diye ifade ediyordu. Maaşlı ve sigortalı işini bırakıp tamamen belirsiz ve "anlamsız" bir maceraya atılmasını bir türlü kabullenemiyordu. Kendi eğitim şirketimi kurmak üzere üniversiteden istifa ettiğimde ben de benzer tepkiler almıştım; anlaşılabilir tepkilerdir bunlar. Çoğumuza öğretilmiş "akıntı" kodları arasında "güvende olmak", "geleceği maddî olarak garanti altına almak" ve "rahat bir hayat sürmek" temel hedefler olarak genellikle sözsüz bir şekilde zihinlerimize yerleştirilmiştir çünkü. Bazılarımızda bu kodlar zamanla değişir yahut hiçbir zaman yerli yerine oturmamıştır ve bu arkadaşımız gibi kişiler, herhangi bir görünen ve makul neden olmaksızın, hayatlarını kendi kodlarına göre bir anda değiştirebilirler. Gelecekte ne kadar risk olursa olsun, bazıları için bu risk adeta bir ihtiyaç haline gelir.

Türkiye'de komedinin 2018 yılında parlayan isimlerinden Kaan Sekban'ın da benzer bir öyküsü var. Yıllarca büyük bir bankada çalıştıktan sonra bir anda hayatını değiştirmeye ve hayallerinin peşinden gitmeye karar veren Sekban'ın birlikte katıldığımız bir TV programında o kararına dair söylediği sözler oldukça ilginçti: Hayatında "en çok sıkıntı çektiği ama buna mukabil en mutlu olduğu zamanlar" diye nitelemişti o belirsizlik zamanlarını.

Ölüme yakın yaşlı insanların çoğundan, yaptıklarından dolayı "pişmanlıklar" yerine yapmaya kalkışamadıkları hayalleri için "keşke"ler duyarsınız. Çoğu insan bir şeyler için "keşke yapsaydım" diyerek bu dünyadan göçer. Çoğu zaman o şeyleri neden yapmadıklarının cevabını da bulamazlar. İçlerinde bir yerlerden sürekli onlara hatırlatılan hayalleri, kulak asmadıkları takdirde yıllar sonra "keşke"ler olarak geri döner.

Kısacası, hepinizin bildiği gibi insan bir tuhaftır. Bu tuhaflık sadece belli bir insan zümresine özgü gibi gözükse de yine bildiğiniz gibi öyle değildir. Hepimizin içinde bir yerlerde "rahatın battığı", bu hayatta daha başka bir şeyler aradığımız dönemler ara ara kendini belli eder. Zira rahatlık gerçekten de bize bir şekilde rahatsızlık verir. Bunun en temel nedeni, temel ayarlarımızın "rahat"a göre kurgulanmamış olmasıdır. Biz rahatsızlıklar, yokluklar ve imkânsızlıklar içinde imkân, rahat ve ürün yaratmak amacıyla seçilmiş olanlarız. Doğamız bizden "çözecek bir müşkül" bulmamızı istiyor. Böyle bir müşkül yoksa bile o müşkülü de kendi kendimize yaratmamızı dayatıyor.

"KONFOR"DAN "KAOS"A ATLAMAK

Piyasada bulunan kişisel gelişim kitaplarının birçoğunda görebileceğiniz ortak temalardan biri "konfor alanının dışına çıkmak"tır. Yaratıcılık eksikliğinin, yenilik arzusunun, zenginlik arayışının ve iç sıkıntılarının temel çözümü, insanın alıştığı hayat tarzını değiştirmesinde yatar. Fakat bu "konfor alanı" denen yerden çıkmak o kadar da kolay bir iş değildir. Bunun için önce "konfor alanı" denen şeyin ne olduğunu anlamak gerektir.

Konfor; rahatlık ve dertsizlik olarak algıladığımız bir kelime. İngilizce rahat etme anlamındaki "comfort"[5] kelimesinden gelen bu kelime, günlük hayatımızda genellikle "rahat ve konforlu" tamlamasındaki çağrışımlar için kullandığımız bir sözdür. Halbuki "konfor alanı" bundan biraz daha farklı bir şeydir.

---

5 Latince "confortare" sözcüğü "güçlendirmek, desteklemek, sabitlemek" gibi anlamlara gelen bir kelimedir ve rahatlık halini anlatan konfor kelimesinin de kökenini oluşturur.

Konfor alanından çıkmak yahut konforu bozmak dediğimiz şey, öyle *rahat* bir yatakta yatarken ayağa kalkmak yahut zenginlik ve rahat içinde keyif çatarken bir anda her şeyi bırakıp belirsizliğe bodoslama dalmak anlamına gelmez. Konfor alanı, bizzat şu anda yaşadığımız; düşünmeden, belirli davranışları bilinçsizce tekrar ederek yaşamayı başarabildiğimiz ve adına "yaşam" dediğimiz rutinler bütünüdür. İşimiz, ailemiz, kişisel temizlik alışkanlıklarımız, bağımlılıklarımız, inançlarımız, ritüellerimiz ve buna benzer tüm rutinlerimiz bizim o bildik yaşamımızı yani "konfor alanımızı" oluşturur. Onun içinde ne olacağını biliriz; olacakları daha kolay öngörebiliriz, değişkenler bu alanda bizim için daha anlaşılır, daha kestirilebilirdir.

Halbuki gerek günlük tecrübelerimiz gerekse son yıllarda yapılan bilimsel çalışmalar, belirsizlik ve değişkenlik durumlarında beynin öğrenme yeteneğinin en üst düzeyde olduğunu açıkça gösterir. Alıştığımız konfor alanının bizi tembelleştirdiğini, beynimizin öğrenme ve yenilik üretme mekanizmalarını yavaşlattığını gayet iyi biliyoruz. Bilimsel çalışmalar da aynını söylüyor: Belirsizlik halleri beyni uyandırır ve öğrenme yeteneğini en üst düzeye çıkartır.[6]

Çoğumuz, yaşadığımız hayatın *tam* ve *eksiksiz* olmadığını biliriz. Hayatının gidişatından şu yahut bu şekilde şikâyetçi olmayan insan pek azdır. Arada bir de olsa ilave bir şeyler yapasımız gelir. Kimi yeni bir dil öğrenmenin, kimi yeni bir enstrüman çalmanın, kimi de o hep yapmak istediği (paraşütle atlamak veya çıplak elle dağ tırmanışları gibi) tehlikeli uğraşlara girişmenin hayallerini kurar. Hayallerimizi süsleyen "keşke"ler sayısızdır. Ne yapılması gerektiğini herkes bilir ve söyleyebilir. Fakat gerekeni yapmaya teşebbüs etmek, çok az kişinin yapabildiği bir şeydir.

Bu tip "sıra dışı" hayallerimiz için harekete geçmemiz çok zordur. Zira adına "eylemsizlik" veya eski dilde "atâlet" dediğimiz o temel fizik yasası, fiziksel bir bedene sahip canlılar olarak bizi de etkileyen bir yasadır. Isaac Newton'un tarif ettiği eylemsizlik, "*Duran*

---

6 Örnek bir çalışma için bkz: Massi, B., Donahue, C.H, Lee, D. (2018) Volatility Facilitates Value Updating in the Prefrontal Cortex. Neuron 99:598-608.

bir cisim, kendisine bir kuvvet uygulanmazsa durmaya; hareket eden bir cisim, yeni bir kuvvet uygulanmazsa aynı harekete devam eder." şeklinde ifade edilebilen bir yasadır. Yani var olan bir durumu bozmak, değiştirmek yahut duran bir şeyi harekete geçirmek için enerji gerekir. Bir başka deyişle sıra dışı, alışılmışın dışında, konfor alanının dışında bir şeyler yapmak; az yahut çok *zorluk* ihtiva eder. Zorluk, ilave enerji ihtiyacının bir ifadesidir. Bu temel fizik kuralı gereği, içinde bulunduğumuz halden şikâyet etsek bile onu değiştirmek için gerekli enerjiyi bulmakta çoğu zaman zorluk çekeriz.

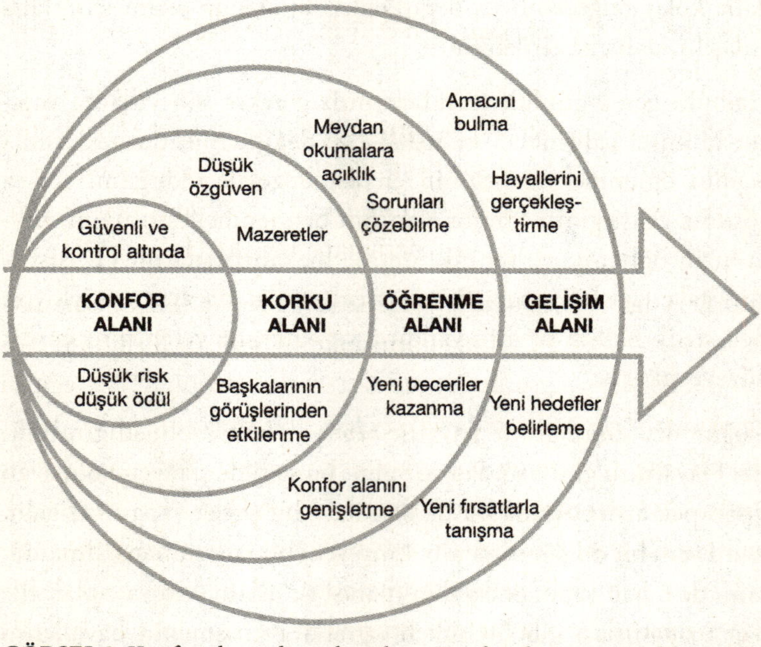

GÖRSEL 2: Konfor alanından çıkış planı. Konfor alanımız tanıdık ve rahat bir yerdir. Çıkarken önce korku alanından geçmek gerekir. Cesaretle devam edersek, öğrenme ve gelişim alanları bizi bekler. Fakat ilk hamle her zaman o kadar kolay değildir.

Peki, şikâyetlere rağmen hayat neden değiştirilmez? Bu çok mu imkânsızdır? Hayır, aslında çoğu zaman değildir ve hayatlar küçük kararlarla hemen değişebilir. Fakat bunu çok az insan yapabilir. Çünkü organizmalar, kendilerini "öldürmeyen" ortamlarda bulunmaya devam ederler. Diğer bilinmeyen ortam ve koşullar "hayatı tehdit etme riski" taşıdığı için uzak durulması akıllıca olan seçeneklerdir. Daha önce deneyimlenen ve bizi öldürmeyen, hayatta kalmamız konusunda sorun çıkarmayan şeyleri çoğunlukla konfor alanımıza dahil edebiliriz. Yeni ve alıştığımızın dışındaki neredeyse her seçenek ise ilk başlarda aynen diğer organizmalarda olduğu gibi bizde de çeşitli düzeylerde rahatsızlık yaratır.

Laboratuvar farelerine sürekli verdiğiniz yemi değiştirir, farklı marka ve bileşimde bir yem verirseniz, ilk göreceğiniz tepkilerden biri hayvanların bir süre bu yemi yememeyi tercih etmesidir. Sonra elbette dener ve alışırlar ama ilk baştaki değişiklik hemen hepsini rahatsız eder. Yeni yem eskisine göre çok daha iyi, kaliteli ve besleyici olsa bile...

Ani değişiklikler pek sevdiğimiz şeyler değildir. Bunda haklılık payımız da yok değil zira her yenilik, her değişiklik, beklenmeyen her yeni gelişme zihinsel donanımımızı üst düzeyde kullanmamızı gerektiren, aynı zamanda enerji harcatan süreçleri tetikler.

Farelerin durumu size garip geldiyse sıradan ve günlük insan davranışlarına bakalım. Okulda oturduğunuz sıraları düşünün. Çoğumuz ilk derste oturduğumuz sıra sınıfın neresindeyse, eğitim hayatımızın geri kalanında da o bölgede bir sıraya oturmayı, hatta mümkünse aynı yerde oturmayı tercih ederiz. Bazen öğretmen sınıftaki yerlerimizi değiştirdiğinde belli belirsiz veya bazen çok belirgin bir rahatsızlık hissederiz. Bu rahatsızlığın "otoriteye başkaldırma" gibi ilave nedenleri olsa da buradaki temel sorun, alıştığımız yerin dışında bir yere oturmamız söz konusu olduğunda, bir şekilde tedirgin olmamız ve bu tip değişimlerden mümkün mertebe kaçınmamızdır. Sadece çocuklarda değil, erişkinlerde de benzer etkileri kolayca gözlemleyebilirsiniz. Peki neden o oturduğumuz yere alışıveriyoruz? İlk gün muhtemelen "rastgele" bir yere oturduk; peki sonra orası nasıl bizim *güvenli alanımız* oluverdi?

Meselenin özü beynimizdeki "işaretleme" sistemlerinden kaynaklanıyor. Sınıfta oturduğunuz yeri ele alalım: Oraya bir kez oturup deneyim geliştirdikten itibaren diyelim ki ertesi gün yahut bir ay sonra aynı sınıfa girdiğinizde, beyninizdeki dopamin kimyasalıyla çalışan ödül sistemi, daha önce oturduğunuz sıraya baktığınızda veya yaklaştığınızda faaliyetini arttırır. Bu zihinsel bir *ödül* etkisi yaratır ve bu sayede oluşan duygu o noktayı sizin için diğer yerlere göre daha tanıdık ve daha güvenli gösterir. Artık orası *tanıdık* bir yerdir. Orası aynı zamanda nispeten *güvenli*dir. Çünkü oraya daha önce oturduğunuzda canınız yanmamış yahut hayatınız tehlikeye girmemiştir (Ölmediyseniz, iyidir!). Diğer yerler ise öyle değildir. Oralarda oturmayı henüz tecrübe etmediğiniz için o alanlar size yabancıdır ve zihninizde bu şekilde işaretlenmiş değildir. Bundan dolayı farklı oturma yerlerine doğru yönelecek olursanız beyninizdeki dopamin oranı azalmaya başlar.[7] Zira az önce işaretlediğiniz yere göre burası belirsizlikler içerir. Belirsizlik ise beyninizin pek hoş karşıladığı bir durum olmaz. Çünkü otomatik pilot sisteminin o düşük maliyetli kontrol mekanizmasına uygun değildir, bilincinizi de devreye sokmanız ve artık daha çok enerji harcamanız gerekir. Neticede bilinç dışı karar sisteminiz, sizi otomatik olarak eski yerinize yönlendirir; artık orası diğer yerlere göre (nedenini hiç düşünmesek ve bilmesek de) daha "çekicidir". Böylece eğer üzerinde özel olarak düşünmezseniz beynin ekonomi prensibi gereği diğer belirsiz ve görece "riskli" yerlere kıyasla, önce oturduğunuz bu yere bilinçsiz olarak tekrar ilişiverirsiniz. Böylece beyniniz daha önce deneyimlediğiniz ve size herhangi bir zarar vermemiş olan o alanı "işaretlemiş" olur; siz de yeni bir alışkanlık geliştirmiş olursunuz. Bağımlılıkların da aynı dopamin mekanizması üzerinden çalıştığını düşünecek olursanız, bu etki hiç de küçümsenebilecek bir etki değildir.

Birkaç yıl önce kızımın okulunda düzenlenen bir veli toplantısına katılmıştım. Toplantı çocuklarımızın eğitim gördüğü sınıflardan birinde yapılıyordu ve bizden sıralara oturmamızı rica ettiler. O küçük sıralara çoğumuz zor sığışsak da hepimiz bir sıraya yönelip oturduk. Elbette ben, okulda sıklıkla oturmayı tercih ettiğim gibi

---

7 Bunu, çocukken muhtemelen çokça oynadığımız, odaya sakladığımız bir nesneyi bulma oyunu olan "sıcak-soğuk" oyununa benzetebilirsiniz. Hedef nesnenin yerini bilmeyen oyuncunun odada gezerken o nesneye yaklaştıkça diğer oyuncuların "sıcak sıcak" ve uzaklaştıkça da "soğuk soğuk" diyerek ipucu vermesi gibi, beynimizdeki ödül devreleri de tanıdık ve güvenli durumlara yaklaştıkça olumlu sinyallerini arttırarak bizi bilinç dışı kaynaklardan yönlendirirler.

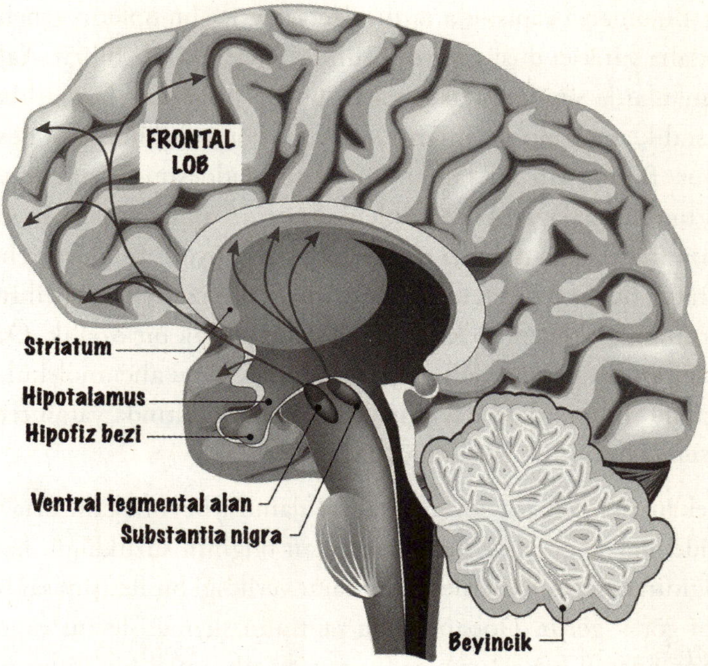

GÖRSEL 3: Beynimizdeki dopamin (ödül) sisteminin basit şeması. Beynin orta kısımlarında yer alan *ventral tegmental alan* (VTA) ve *substantia nigra* bölgelerinden çıkan sinir hücresi uzantıları, beynimizin iç ve ön bölümlerine *dopamin* hormonu salgılar. Özellikle VTA bölgesinden beynin ön kısmına uzanan liflerden salgılanan *dopamin*; haz, dikkat, odaklanma ve hatırlama gibi süreçlerde önemli rol oynar. Tam ortada bulunan yumurta biçimli alan ise beynin filtre sistemi olan *talamus*tur.

orta sıranın ortaya yakın kısmındaki uygun bir yere yerleşmiştim. Tam bunun beynimdeki mekanizmasını düşünerek kendi kendime gülümserken, diğer velilerden biri küçüklüğünde o okulda ve o sınıfta eğitim aldığını anlattı. Oturduğu sırayı şefkatle okşayarak "Tam burada oturdum, beş yıl..." dedi. Karşımdaki kişide gördüğüm rahatlama duygusunun sadece geçmişe duyduğu özlemle ilgili olmadığını çok iyi biliyordum. O artık kendini gayet rahat ve güvende hissettiği bir yerde oturmaktaydı.

Fakat mâlumunuz olabileceği üzere herkes böyle değildir. Bazı tipler araştırıcı, risk alıcı, birleştirici ve "normal dışı" tutumlar açısından daha zengin bir repertuvara sahip davranışlar sergilerler. Bu onların yapısında vardır adeta. Ayrıca bu tiplerin genellikle daha yaratıcı düşünce ve çözümler ürettiğini de biliriz. Yakın zamanlarda yapılan araştırmalar, bu tip insanlarla bazı zihinsel hastalıklara sahip insanların ortak bir yönü olabileceğini gösteriyor. Bunlardan bir tanesi, dopamin maddesinin beyinde etki görmesini sağlayan D2 tipindeki dopamin algılayıcılarının sayısının normalden daha az olması gibi görünüyor.[8] Bu durum hem yaratıcı düşünce üreten insanlarda hem de şizofreni gibi zihinsel sorunlardan muztarip kişilerde gözlenen ortak bir özellik. Özellikle beynin talamus adlı orta bölümündeki bu alıcı molekül azlığı, bu insanlardaki davranış değişikliğinin altında yatan temel etken olabilir diye düşünülüyor.

Mekanizma kabaca şöyle işliyor: Talamus, beynin tam orta yerinde, beyne giren ve beyinden çıkan bilginin süzüldüğü, hangi bilginin nereye gönderileceğine karar verildiği bir iletişim santrali gibi görev görür. Dopamin, bu santralin süzme işlevini yapmasında önemli bir rol oynar. Bu sayede zihnimizi bir sorun üzerine odaklayabilir, o soruna dair öğrendiğimiz yöntemleri diğer fikir ve düşüncelerden ayıklayarak uygulayabiliriz. D2 alıcılarının normalden daha az olması durumunda ise bu filtre sistemi biraz daha az seçici çalışır ve böylece bu kişiler, herkesin baktığı şeylere bakarken, süzgeç sistemleri iyi çalışmadığı için bambaşka şeyler düşünebilirler. Bu da belli bir düzeyde yaratıcı düşünceyi tetiklerken, daha ağır durumlarda şizofreni gibi gerçekle hayalin birbirine karıştığı istenmeyen hallere yol açabilir.

Yaratıcı insanlar arasında melankoli, depresyon, şizofreni, davranış ve madde bağımlılığı gibi durumların daha sık görülmesi de bu araştırmaların bulgularını destekler nitelikteki sonuçlardan bazıları gibi gözüküyor. Elimizdeki veriler kesin bir şeyler söylemek için yeterli olmasa da insanların yaratıcı düşünceler üretme açısından pek de eşit olmadıkları gerçeği göz önüne alınırsa, bu farklılığın biyolojik bir temele dayandığını düşünmek gayet mümkün ve mantıklı hale geliyor. Bu sayede topluluğu oluşturan bireylerin bir kısmı "uçuk-kaçık" yaratıcı düşünceler üretebilir-

---

8 Örnek bir çalışma için: Doi: 10.1371/journal.pone.0010670

ken, bir kısmı da sıkı ve sağlam çalışan filtre sistemleri sayesinde bu fikirleri adımlar halinde hayata geçirebilecek üretim becerisine sahip olabiliyor.

Tekrar dopaminle işaretleme ve zihinsel ödül döngüsüne dönelim isterseniz. Bu devreler sadece sizin okulda nereye oturacağınızı belirlemez. Her gün geçtiğiniz yollar, size "Nasılsın?" diye soranlara verdiğiniz cevaplar, yaptığınız espriler, giydiğiniz kıyafetler, seçtiğiniz ulaşım araçları; evlenmekten market alışverişine, tuttuğunuz takımdan sevdiğiniz yemeğe kadar her şey beyninizdeki bu işaretleme ve ödül sistemi aracılığıyla işaretlenmiş ve kayıt altına alınmıştır. Neredeyse tüm gündelik davranışlarımızda aynı sistemin etkisini farklı şekillerde görebiliyoruz. Bu sayede bir dondurmacıya gittiğinizde, günümüzde sayısı canımızı sıkacak kadar fazla dondurma çeşidinin içinden "limonlu, kaymaklı ve tahinli" dondurmaları seçerek, kısa süre içerisinde sorunlarınızı çözebilirsiniz (Kendimden bahsediyorum!). Tabii bunlardan sıkılıp da yeni bir tat denemeye karar vereceğiniz o ana kadar...

Gördüğümüz bu sistem, zihinsel konfor sisteminin de ana yöneticilerinden bir tanesidir. Memnun olmamanıza rağmen hayatınızdaki birçok şeyi devam ettirmeniz, arzu etmenize rağmen bir şeyleri yapmaya hiç kalkışmamanız, söylenecek çok şeyiniz olmasına rağmen susup kalmanız da işte hep bu sistem yüzündendir. Onu "zorlamazsanız", sizi "güvenli yerde" tutmaya devam edecektir.

Beyindeki bu ödül sistemi sadece önceki deneyimleri işaretlemekle kalmaz; düşüncelerimizi de analiz ederek bize bir nevi geri bildirim verir. Davranış alternatiflerini zihnimizden geçirdiğimiz zamanlarda bazen bir düşünce veya fikrin zihnimizden geçmesi yine buna benzer bir sistemle beynimizdeki düzenleyici kimyasalların miktarını arttırır. Bu etki sayesinde bazı fikirler ve yeni davranış düşünceleri bize kendimizi iyi hissettirir; onu gerçekleştirmek üzere yola çıkmayı kolaylaştıracak minik içsel motivasyon dalgaları yaratır.

Neticede, az yahut çok çalışsın, dopamin sistemi gibi beyin devreleri, bizim hem hayatta kalmamız açısından sağlıklı ve olumlu durumları işaretlememizi hem de bunların ötesinde yeni imkânlar yaratmak üzere kafamızı farklı yönlerde işletmemizi sağlayan mucizevî bir sistem olarak karşımıza çıkıyor.

Peki konforu bozup bilinmeyene, kaosa atlayınca ne olur? Bunun cevabı için *İFA 1. Kitap*'ın ilk bölümünde, İFA-0 başlığı altında özetlemeye çalıştığım "kaos kuralı"na tekrar bakmak isteyebilirsiniz. Kaos, tabiatın düzenini anlamaya en çok yaklaştığımız bilimsel bakış açısının adıdır. Tabiat bugün bildiğimiz kadarıyla kaotik bir düzene sahiptir. Bizim medenî düzenimize hiç benzemeyen bu karmaşık ve periyodik olmayan sistem, beynimizin de içinde şekillendiği, kadim olarak hepimize son derece yakın olan ama varlığını unuttuğumuz bir düzen biçimidir.

Beynimiz, ana vatanı olan kaos alanına girdiğinde genellikle çok farklı bir çalışma durumuna geçer. Daha önce aklımıza gelmeyen çözümler, gözümüzün önünde olup da göremediğimiz imkânlar, fark edemediğimiz bağlantılar bir anda görünür hale gelir. İşte bu hal, kaosun doğurgan ve yaratıcı tarafıdır. Popüler kültürde büyük başarılara imza atmış insanların, mesela büyük şirketlerin kurucularının hayat hikâyelerinde genellikle hep buna benzer bir kaosa düşme hikâyesi olması boşuna değildir. Aile sorunları, maddî zorluklar, okuldan atılmalar, savaşlar ve daha birçok benzer kriz, "hazırlıklı" bazı zihinleri yepyeni imkânlarla tanıştırmaya vesile olur. Olurken kötü gözüken bu tip hadiseler, çoğu zaman çok sonradan "hayırlara vesile olur".

KONFOR NEDEN BOZULMALIDIR?

Rahatlıktan güzel şey var mı? Sonuçta hepimiz "rahat" arıyoruz, öyle değil mi?

Pek değil.

İnsan davranışlarına dair bilgilerimizin genel resmine baktığımızda bizi rahatın kendisinden ziyade, "rahat arayışının" motive ettiğini fark ediyoruz. Aynı şey haz için de geçerli; haz arayışı, çoğu zaman hazzın kendisinden daha zevkli bir deneyim oluyor. Bu garip durum, beynimizin ödül devrelerinin "beklentiye" ayarlanmış olması ile ilgili. Bu basit ve diğer tüm hayvanlarla paylaştığımız sistem, üst düzey zihinsel özelliklerimizle de birleşince, diğer bütün canlılardan farklı bir keşif ve yaratıcılık potansiyelinin temellerini oluşturuyor.

Şimdi sinirsel mekanizmaları bir süreliğine kenara koyalım ve günlük hayatımızdan örnekler üzerine düşünelim. Rahatın bize "battığı" durumlar sadece marjinal kararlar alarak hayatının yönünü değiştiren insan örneklerinde karşımıza çıkmaz. Günlük hayatta bunun örneklerini bizler de çokça yaşarız. Mesela evinizde böyle rahat, *pofuduk* ve yumuşak malzemelerden yapılmış o "yayılma" koltuklarından var mı? Günümüzde yeni evlenen birçok çift evlerini döşerken bir köşeye böyle rahatça gömülebilecekleri bir koltuk yahut kanepe almayı alışveriş listesinin ilk sırasına koyar oldu. Hayaller de o rahat koltuğa yayılıp film izlemek yahut kitap okumak üzerine kurulu oluyor genellikle. Peki, gerçekten bu olabiliyor mu acaba?

GÖRSEL 4: Amerikalı ressam Louis Comfort Tiffany'nin, ikinci eşi Louise'i kendi stüdyosundaki rahat bir koltukta kitap okurken resmettiği bu tabloda, okuyan kadının uyuyakalmaya başladığını görmek tesadüf olmasa gerek. 1888 yılında yapılan bu tabloda kadim bir sorunumuz da resmedilmiş gibidir: Konfor ve rahat, bizi uyuşturuyor ve beynimizin çalışmasını engelliyor.

Böyle rahat bir koltuk bulursanız lütfen uzanın, rahatlayın ve elinize bir kitap alın. Mümkünse çok merak ettiğiniz, sizin için sürükleyici bir kitap olsun ve onu okumaya başlayın. Size en çok yirmi dakika veriyorum. Yirmi dakika içinde önce zihniniz yavaşlayacak, hemen ardından gözleriniz kapanmaya ve uykunuz gelmeye başlayacak. İnanmıyorsanız deneyin; böyle koltuklar ancak bizi "uyutmaya" yararlar. Film izlerken bile genellikle bu tip rahat yerlerde bir uyku basar insanı.

Bir başka fırsatta kitabı yine elinize alın ve bağdaş kurup sert bir zemine oturun. Yahut dizlerinizin üstüne de oturabilirsiniz... Şimdi bacaklarınız ağrıyana dek, istediğiniz miktarda kitap okuyabilirsiniz. Uykunuz da gelmez, ağırlık da çökmez. Üstelik kitapta okuduklarınız aklınızda çok daha iyi oranda kalacaktır.

Bu örnekteki sorun, beynimizin bedenimizden gelen bildirimlerle uyanık tutulması mekanizmasına dayanır. Beden aşırı rahat ve gevşemiş olduğunda, beynimize giden uyarıcı sinyaller de azalır ve beyin yavaşça uyanıklık düzeyini yitirir.[9] Zira ortada çözülecek bir sorun, yapılacak bir iş veya dengelenmesi gereken bir bozukluk yoksa beynin boşuna işlem enerjisi harcamasına da gerek yoktur. Bu nedenle zaten en çok enerji tüketen beden parçamız olarak her fırsatta dinlenme arzusuyla yanıp tutuşan beynimiz, acilen uyku durumuna geçer. Kısacası, ortada bir sorun yoksa bilinçli beynimiz adeta devreden çıkar. Bu, bildiğimiz uyuşukluk ya da uykululuk hali gibidir. Sorun, sürpriz, rahatsızlık ve zorluklar beynimizin uyanık kalıp çalışması için gereklidir.

Öte yandan gerçek hayatımızda sürekli bir rahatlık peşindeyiz, ona şüphe yok. Sadece oturduğumuz yahut yattığımız yerle ilgili de değil bu arayışımız; ilişkilerimizde, sağlığımızda, beslenmemizde, işimizde, zihin hallerimizde hep bir rahatlık ve denge durumu arıyoruz. İniş çıkışlar bizi sıkıntıya sokuyor. Belirsizlik bizi telaşlandırıyor. Gelirimiz ve giderimiz belli olduğunda kendimizi rahat hissediyoruz; riskli işlerse bizi geriyor. Halbuki çoğumuzun aklına gelmeyen temel bir gerçek var: Hayatta olmak demek iniş

---

9 Sinan Canan, *Değişen Be(y)nim*, Tuti Kitap, 2015, s. 152-156.

çıkışlar yaşamak, dengesizlikler içinde denge bulmak demektir. Her şeyi dengeli bir hayat bize göre değildir ve ölümle eş değerdir.

Yaşam, ne olduğunu tam bilemediğimiz gizemli bir güçtür. Bu gücün henüz tarifini yapmaktan dahi uzağız. Bu tarifi yapmaya en çok yaklaşan kişi ise kuantum fiziğinin kurucularından Erwin Schrödinger olmalı. 1946 yılında yazdığı ve devrimsel etkiler uyandıran *Yaşam Nedir?* başlıklı klasik eserinde Schrödinger, yaşam için "sürdürülebilir dengesizlik durumu" şeklinde özetlenebilecek bir tanım getirir. Gayet veciz ve derinlikli bir tanımdır bu. Gerçekten de yaşam bizzat "dengesizliğe" dayanır. Çünkü bedenin içi ve dışı arasında sürekli bir farklılık vardır. Bu farkı korumak adına bedenlerimiz devasa miktarda enerji harcar. O nedenle bedenimizin içi sürekli olarak "sıcak"tır. Bu sıcaklık, her bir hücremizin hücre zarının içi ve dışı arasındaki madde farkını muhafaza etmeye çalışması sırasında harcadığı enerjinin bir sonucudur. Bu iç ve dış ortam arasındaki farklılık sürekli bozulur. Zira hücre zarı "mükemmel" bir bariyer değildir; içeriden dışarıya ve dışarıdan içeriye sürekli bir madde sızması gerçekleşir. Bunu sürekli su alan bir tekneye benzetebiliriz; tekne su alır ama içeri giren su çabalarla veya motorlarla sürekli dışarı boşaltılabildiği takdirde tekne yüzmeye devam eder. Yaşam işte genel olarak bu "gayret"in adıdır.[10] Bu gayret biterse yaşam da biter. Gayretin ana amacı dengesizliği muhafaza etmektir. Denge hali ise ancak "ölüm" anında gerçekleşir ve bunun sonucunda da enerji harcama ihtiyacı sona erer. Özetle, denge hali hepimizi kaçınılmaz olarak bulacaktır. Tabii ki *mezarda!*

Denge arayışımız, konfor arzumuzdan gelir. Dengeli hallerde (canımızı sıkan birçok olumsuzluk içerse bile) kendimizi nispe-

10 Aklımıza "O zaman tekneyi neden su almayacak biçimde yapmamışlar?" yahut "Canlılık neden sürekli bozulan dengesizliği düzeltmek zorunda? Dengesizlik hiç bozulmasa, sabit tutulsa olmaz mı?" soruları gelebilir. Mükemmel olmayan hücre zarı yapısının ve diğer mekanizmaların sonucu olarak ortaya çıkan bu bozulma hali, sürekli enerji harcanması ile "dinamik bir sistem" meydana getirir. İşte bu sistem, değişikliklere daha iyi adapte olur, kendini yeniler ve iç ortamı değişen koşullara karşı sabit tutabilir. İnsan yapısı bir makinada bu özelliği bulamazsınız. Tüm makinalar eskir ve paslanır çünkü onlar böyle bir mücadele için yapılmamıştır.

ten rahat hissederiz. Gelir-giderin önceden belli olduğu garantili durumlar bize kendimizi rahat ve konforlu hissettirir. Bu açıdan bakınca aslında bir insan için en konforlu yer *mezar*dır! Düşünsenize; iş yok, dert yok, sınav yok, ödeme yok, gam yok, keder yok... Konfor eğer buysa, mezardaki hal buna en uygun tanım gibi duruyor. Fakat bu "nihai konforun" da doğal bir sonucu, ağır bir bedeli vardır. Çevresiyle ölüm neticesinde dengeye ulaşan bir organizma, beden bütünlüğünü artık koruyamaz durumdadır ve hızla *çürümeye* başlar.

Toprağa verdiğimiz bir cenaze günler içinde çürümeye başlayarak birkaç hafta içinde tanınmaz hale gelir. Ölüm olayını takip eden birkaç saat içinde bile cansız bedende dışarıdan kolaylıkla fark edilebilir bir bozulma yaşandığını hepimiz biliriz. Bütün bunlar, bedenin iç mekanizmalarının artık dağılma ve dengeye gelme yolunda maddeyi zorlayan fizik güçlerine karşı çalışamıyor olmasındandır.[11] Bu mekanizmalar sayesinde canlı bedenler yaralarını onarır ve değişikliklere şaşırtıcı şekillerde uyum sağlayabilirler. Fakat ölüm, tüm bu maceranın sonudur.

Konfor bizi sadece mezarda çürütmez. *Mezarda fiziksel bedenin çürümesi gibi, hayatta aşırı konfor düşkünlüğü de zihnimizi ve yeteneklerimizi hızla çürütür.* Beynimizin yeteneklerini geliştirip güçlendirebilmesi için o yetenekleri kullanabileceğimiz ortamlar gereklidir. Hiç kullanılmayan özellikler zamanla zayıflayarak (tasarruf gereği) beyinde körelir ve ulaşılmaz hale gelir. Kullanmadığımız melekelerimiz körelir. Dahası, konforda kalmak için ısrar ettikçe bizi oraya hapseden zihinsel mekanizmalarımız, düşünce kalıplarımız ve cesaretimizi kıran inançlarımıza dair devrelerimiz

---

11 Maddenin bu temel yasasına entropi adını veriyoruz. Entropi, düzensizliğin bir ölçüsüdür ve termodinamik yasalarına göre tüm maddî sistemler, en fazla düzensizlik ve en düşük enerji seviyesine doğru kendiliğinden değişirler. Masanın üzerine bıraktığımız kaynar sıcaklıktaki bir fincan çay bu nedenle kısa sürede soğur; kamyondan boşalttığımız tuğlalar bu nedenle düzenli bir duvar halinde toplanmayıp gelişigüzel bir yığın halinde yayılır. Canlı bedenler, tüm maddeyi dağılmaya zorlayan bu temel fizik yasasına karşı ömürleri boyunca aktif olarak mücadele verirler ve bu mücadele ölüm anında sona erer. O nedenle canlı bedenler dağılmaz, yaralarını onarır ve kendini bir bütün halinde tutabilmenin sayısız yolunu bilirler.

gün geçtikçe kuvvetlenir. Sonuçta kendimizi, kendi zihinsel bağlantılarımızdan kurulu bir hapishaneye kapatmış gibi hayatımızda hiçbir şeyi değiştiremez hale geliriz. Bu acı akıbetin tek ilacı ise bu esaretten cesaretle çıkmaya çalışmak, cesaretle konforu bozma yolları aramaktır.

Hayatımızın gidişatını değiştirmek için çoğu zaman gerekli gücü kendimizde bulamayabiliriz. Fakat zaman zaman "daha iyisi mümkün" düşüncesi aklımıza düşüp duygularımızı harekete geçirir; bambaşka ve bize daha uygun bir hayat yaşama isteği, sıklıkla bizi yerimizden kaldırmaya çalışır. Ama çoğu zaman toplumsal öğretiler, "*buna da şükür*"[12] yaklaşımı, herkes gibi davranma güdülerimiz ve daha birçok yan mekanizma, bizim bu doğal dürtümüzü baskılamamıza yol açar. O nedenle rahat ettiğimiz (yani bizi öldürmeyen, şikâyet etsek de yaşamamıza müsaade eden) koşullar içinde yaşamımızı sürdürmeye devam ederiz. Bir yandan da hayatın ödüllerinin ve özlediğimiz, hayal ettiğimiz şeylerin kucağımıza gelmesini bekleriz.[13]

---

12 Günümüzün gündelik dilinde sanırım bağlamından en çok çıkmış, amacının tam zıddına kullanılmaya başlanmış kelimelerin başında şükür geliyor. Hayatındaki sıkıntılara karşı "buna da şükür" diyerek sabretmek derin ve kadim bir erdem olsa da artık çoğu zaman "buna da şükür" ifadesini, değiştirmeye hiç yeltenmediğimiz hayat koşullarımıza karşı bir savunma mekanizması olarak kullanır olduk. Verilen bir hediyeye yahut nimete müteşekkir olmak anlamındaki şükür, eldeki "fazla" ve "nimet" olarak telakki edilebilecek imkânlar içindir. Aldığımız nefesten, soframızdaki gıdaya kadar hepsi hesapsız şükür vesilesidir. Fakat okulda aldığı sınav notundan, hasbelkader çalıştığı ama hiç de memnun olmadığı işine kadar farklı cephelerde "buna da şükür" diyerek insanların öylece yetinmesi, atâleti ve harekete geçmemeyi destekleyen etkin bir bahane olarak iş görüyor. Bunlar da değiştirebileceğimiz birçok şeyi değiştirmememizin nedeni olabiliyor. Unutmayalım ki şükür, gayretin sonucunda elde edilenlere karşı hissedilince çok daha manidar, çok daha tatmin edicidir. Kelime kalıplarımıza özellikle dikkat etmek gerek.

13 Hükümdar İbrahim b. Edhem, atlas kaplı kuş tüyü yatağında yatarken eşine "Allah öbür tarafta da bize böyle saltanat, böyle saraylar ve nimetler verir inşallah." deyip uyumaya hazırlanır. Tam bu sırada damdan gelen tıkırtılar duyar. "Kim var orada?" diye seslendiğinde, yukarıdan "Yabancı değilim; devemi kaybettim onu arıyorum." nidası gelir. Bunun üzerine hükümdar "Damda deve mi aranır be adam?" dediğinde, damdaki zat "Sen atlas yataklarda Allah'ı ararsın da ben damda deve aramışım çok mu?" diye yanıt verir. Alıştığımız o konfor alanları belki de hepimizin "atlas yatakları"dır aslında...

Bu hayaller için harekete geçmek çoğu zaman zordur çünkü hayatımızın gidişatından ne kadar şikâyet etsek, ne kadar sıkıntı çeksek de içinde yaşadığımız hayat bizim için bildik ve tanıdık bir konfor alanıdır. Bu alandan çıkış hamlesi her zaman kolayca yapılamaz. Nedeni de az önce anlattığıma benzer beyin devrelerimizdir. Fakat bu noktada insan olarak diğer canlılardan farkımız, bu konforda kalmayı kolaylaştırıcı reflekslerimize rağmen bizi harekete geçirebilecek ve onlarda olmayan bir güce sahip olmamızdır. Bu güç, konfor alanının dışına adım atma yönelimi veren ve adına cesaret dediğimiz o ilginç insanî duygudur.

Diğer canlılarda da kimi alışkanlıklar ve konfor dışı davranışlar görürüz. Mesela çoğu karıncanın düz bir hatta ilerlediği bir karınca yürüyüşünde, bazı karıncaların çizgi dışında gezinmeleri gibi. Fakat bu davranışlar genellikle onlarda bulunan (diğer karıncaların bıraktığı koku izlerini daha az hissetmek gibi) bireysel farklılıkların doğal sonuçlarıdır. Karıncalar veya semenderler, çizgi dışı davranma konusunda önce "düşünüp" sonra "karar verek" harekete geçmezler. İnsanda ise durum bu çizginin bir hayli dışındadır. Cesaretin nasıl çalıştığını ve bize neler sağladığını tartışacağız ama ondan önce, cesaretimizi kıran zihinsel yapılanmalarımızın kökenlerine bir bakalım.

"BEN" NEDİR?

Daha önce sosyal ilişkilerin öneminden söz ederken insan organizmasının bu dünyaya geliş ve beyin gelişimi süreçlerinden kısaca bahis açmıştık. Gözlerini hayata çok erken açan insan bebekleri, beyin gelişimleri daha yıllar boyu devam edeceği için dünyaya çok hazırlıksız olarak gelirler ve burada gördükleri ilk çevre onların nasıl insanlar olacaklarını belirleyen çok önemli bir etkendir. Hepimiz ailemizin, çevremizin ve içinde yetiştiğimiz kültürün çocuğu olduğumuzu biliriz. Ailenin ve ilk kültürel çevrenin bizim için belirleyiciliği aşikardır. Fakat bu etki, zannettiğimizden çok daha büyük, çok daha derindir. Eğer bu etkiyi tüm boyutları ile fark edemezsek adına "ben" dediğimiz şeyin ne olduğunu ve onu nasıl dönüştürebileceğimizi keşfetmekte çok zorluk çekeriz.

Aileleri tarafından bebeklik dönemlerinde yitirilen veya terk edilen, daha sonrasında da bir şekilde tabiatta hayvanlar tarafından bakılıp büyütülen çocuklara dair öyküler duymuş olabilirsiniz. Bu tip öyküler, Türklerin Oğuz Kağan Destânı da dahil olmak üzere tüm halk mitolojilerinde yaygın gördüğümüz motiflerdir. Öte yandan bu mitolojilerin dışında, çoğu hâlâ tartışmalı olsa da gerçek olduğu iddia edilen vahşi çocuk vakaları da mevcuttur. Sadece hayvanlar tarafından hayatta tutulan ve büyütülenlerle değil, Amerika Birleşik Devletleri'nde kaydedilen Genie adlı kızın durumunda olduğu gibi ağır tecrit ve istismar altında büyümüş, insanlarla teması kesilmiş örneklerle de karşılaşabiliyoruz.

GÖRSEL 5: (Solda) Rudyard Kipling'in *Orman Kitabı* adlı eseri de Mowgli adlı bir vahşi çocuk hikâyesine dayanır. Kurgusal bir öykü olmasına rağmen vahşi çocuklarla ilgili birçok temaya burada da temas edilir. **(Sağda)** Feral çocuklara ait olduğu iddia edilen bu tip fotoğrafların tümü ya uydurma yahut sanatçılar tarafından kurgulanmış görüntülerdir. Gerçek feral çocukların böyle fotoğrafları elimizde mevcut değil.

Tabiatta hayvanlar tarafından bakılıp büyütüldüğü iddia edilen vakaların sayısı çok fakat bunların arasında gerçek olma olasılığı yüksek olanların sayısı iki elin parmaklarını pek geçmiyor. Bu vakalara baktığımızda maymunlar, kurtlar, köpekler, keçiler, ayılar ve hatta devekuşları tarafından büyütüldüğü iddia edilen çocuklar gözümüze çarpıyor. Bu tip çocuklar genellikle onlu yaşlarının başında, insanlarla rastlantısal olarak temasa geçtikleri zaman keşfediliyorlar. O yaşa kadar hayatta kalmaları ve bulundukları zamanki tuhaf davranışları elbette her devirde insanların ilgisini en çok çeken özelliklerin başında geliyor. Belgelenen vaka sayısı çok az olmakla birlikte, halen dünyanın birçok yerinde, sonradan asılsız olduğu anlaşılan birçok feral çocuk haberi özellikle internet üzerinde viral olarak yayılıyor ve medenî insanlar bu hikâyeleri ister gerçek ister uydurma olsun büyük bir ilgiyle karşılıyorlar. Bu ilgi gayet doğal aslında. Çünkü uydurma bile olsa bu öyküler bize dair çok önemli mesajlar taşıyorlar. Ne var ki biz bu mesajların üzerinde düşünmeye pek vakit harcamıyoruz. Neden bu kadar etkilendiğimize kafa yormaya fırsat bulamadan, bu tarz haberleri etrafımızla hemen paylaşma ihtiyacı hissediyoruz.

Sürecin nasıl işlediğini, mesela bir bebeğin koyunlar yahut kurtlar tarafından nasıl hayatta tutulabileceğini hayal etmek zor olsa da bu tip vakalardaki iddialarda temel bazı ortak noktalar hemen dikkatimizi çekiyor. Bedenlerindeki aşırı uzun kıllar veya pençeleşmiş eller gibi temelsiz abartıları bir kenara bırakırsak, bu tip çocuklarda genel olarak normal insan davranışlarına ait çok az iz bulabiliyoruz. Yürümelerinden yemelerine, iletişim kurma tarzlarından tuvalet alışkanlıklarına kadar hemen her davranışları, kendilerini hayatta tutup büyüten hayvanların davranışlarına benziyor. Çoğu, insanlarla buluştuktan yıllar sonra bile bir insan lisanı öğrenemiyor ve ömrü boyunca basit seslerle yahut beden diliyle iletişim kurmaya devam ediyor. Bu tip davranış bozuklukları, çocuk gelişiminde "kritik bir dönemin" varlığına dair elimizdeki en önemli kanıtlardan birini oluşturuyor. Bu kritik dönem kavramı, lisandan temel davranışlara ve hatta görme, işitme gibi temel duyusal becerilere kadar bazı yeteneklerin ancak belirli bir gelişim döneminin bitimine kadar gelişebileceğini; bundan sonrasında bunları öğrenmenin mümkün olmadığını işaret ediyor.

Vahşi çocuklarda da buna benzer bir durum görmek, bu anlayışı destekler görünüyor. Bu tip çocuklar ayrıca temel sosyal davranışları öğrenme, tuvaleti kullanma, iki ayak üzerinde yürüme ve pişmiş besinleri tüketme gibi konularda ciddi bir öğrenme zorluğu gösteriyorlar. Bütün davranışları, bebeklik dönemlerinde en fazla gördükleri hayvanların davranışlarına benzer biçimde uyarlanmış olarak karşımıza çıkıyor. Çoğu dört ayak üzerinde yürüyor, ellerini çok az kullanıyor, yiyeceklerini çiğ tüketiyor ve insana dair tüm davranışlara büyük bir ilgisizlik gösteriyor. Kısacası, hayatlarının ilk dönemlerinde insanlarla teması olmayan bu çocuklar, dış görünümleri dışında insana dair neredeyse hiçbir sosyal, bilişsel ve entelektüel yeteneği geliştiremiyorlar.

Bu özel çocuklar bize insan gelişiminin mekanizmasına dair çok önemli bilgi ve yeni düşünce alanları sağlarken, bireysel olarak kendimize ve benliğimizin oluşumuna dair de önemli ipuçları veriyorlar. Genellikle bu pek fazla vurgulanmayan sonuçlar, bu bölümümüzün ana amacını oluşturuyor.

Az önce de dediğim gibi hepimiz zamanımızın, kültürümüzün, coğrafyamızın çocuğuyuz. Peki bunlar bizim üzerimizde ne kadar belirleyici oluyor? Adına ben dediğim şey ne kadarıyla bana ait, ne kadarı çevresel etkilerle oluşuyor? Feral çocuk vakalarındaki, en temel becerilerden bile yoksun olma hali, bizim şekillenmemizde ve "ben" dediğimiz kişiye dönüşmemizde ilk çevremizin kaçınılmaz bir etkisi olduğunu açıkça gösteriyor. Peki bu durum "bizde" nasıl karşılık buluyor? "Ben" diye benimsediğimiz, hatta her fırsatta korumaya çalıştığımız, değişmeye direnen, kendi olmaya çalışan o "ben", aslında nasıl ortaya çıkıyor?

BEN KİMİM?

Yeni birileri ile tanıştığımızda, kendimizi onlara tanıtmak için bazı temel cümleler kurarız. Bu hepimizin otomatik olarak, pek düşünmeden sergilediği davranışlardan biridir. Adımız, mesleğimiz, memleketimiz, hobilerimiz, eğitimimiz gibi bilgiler genellikle ilk sıralarda gelenlerdir. Şimdi böyle bir tanışma hayal edin ve kendinizi tanıtmak için kullanabileceğiniz on cümle düşünün. On cümlede "ben" dediğiniz şeyi karşı tarafa tarif edeceksiniz. Muhtemelen isminizin ne olduğu ile başlayan bu on cümle, sizi siz yapan temel özellikleri tanıtmaya yarayacak. Eğer listeyi kafanızda oluşturduysanız, bu listedeki on cümlenin hepsine tek bir soru soracağız:

"Bunu ben bizzat yaşayarak mı keşfettim yoksa bana başkaları mı uygun gördü?"

İsmimizden başlayalım; hayatımız boyunca en çok duyduğumuz sözcük muhtemelen ismimizdir. Bizi belirleyen en önemli işaret olan bu kelime, anne babamızın yahut yakınlarımızdan birilerinin bize uygun gördüğü, belli bir amaçla karar verdiği bir etikettir. Çoğu insan ismini sever çünkü artık ona alışmıştır. Benliğimizi belirleyen birçok tanımla ilişkimiz böyledir; **hasbelkader başımıza gelen bir şeyler, zamanla benliğimizin ayrılmaz parçalarına dönüşür ve biz onlarsız "bir hiç" olacağımızı düşünmeye başlarız.**

Memleketimiz; o da yine bizim seçebileceğimiz yapı taşlarımızdan biri değildir. O coğrafyayı kapsayan ve içine doğduğumuz karmaşık kültür yapısı da öyle... Dertlerimiz, hayallerimiz, korkularımız, inançlarımız, değerlerimiz ve daha aklımıza ne gelirse, benliğimizin parçaları olan hemen her şeyimiz; çevremizdeki sosyal ortamdan aldığımız, biraz değiştirdiğimiz ve benliğimizin bir parçası olarak benimsemek zorunda kaldığımız tanımlardır aslında.

Mesleklerimize bakalım; hepimiz hayalimizdeki işi mi yapıyoruz? Yahut işimizi hayal ettiğimiz gibi yapabiliyor muyuz? Anne yahut baba olmayı, erkek yahut kadın olarak yaşamayı biz mi seçtik? Şu andaki ekonomik durumumuzdan okuduğumuz kitaplara kadar düşünürsek bunların ne kadarını biz seçiyoruz, ne kadarını etraftaki şartlar bize dayatıyor? Veya düşüncelerimiz, kendimize dair kabullerimiz, yapabileceklerimiz ve yapamayacaklarımız... Bunların ne kadarı hayatta keşfettiğimiz gerçek deneyimlere dayanıyor acaba?

Birçok etkinlikte, özellikle kalabalıklarla birlikte olduğumda sıklıkla basit bir test yaparım. Misafirlere "Anne veya babasının taraftarı olduğu futbol takımından başka bir takım tutan var mı?" sorusunu yöneltirim. Kocaman salonlarda bile bazen 3-5, en fazla 10 el kalkar. Bunlardan bazılarıysa "Takım tutmuyorum." der; sorduğumda ise anne yahut babası futbolla pek ilgilenmediği için takım tutmadıklarını öğreniriz. Türkiye'de İstanbul dışında yaşayan insanların büyük çoğunluğunun İstanbul takımlarını tutmasının ardında yatan dinamiklerden bir tanesi de bu olsa gerektir. Görüldüğü gibi takım taraftarlığı bile bize aileden geçen değerlerden biridir.

Bu testin ikinci kısmında ise "Dinî inancı ailesinden 'isim olarak' farklı olan kaç kişi var?" diye sorarım. Kalkan ellerin sayısı belirgin oranda azalır. Kocaman kalabalıklar içinde ancak iki ya da üç kişi bu soruya olumlu yanıt verir. Zira hemen hepimiz, hayatı yaşama yolu anlamındaki dinî inançlarımızı ailelerimizden miras alır ve tüm hayatımızı bunun üzerine kurgularız. Elbette yaşarken inançlarımızda ufak tefek değişimler, gelişimler olur. Ancak atalarımızdan gördüğümüz inanç kalıpları bizim için sorgulanması son derece zor anayasa maddeleri, konfor alanımızın ana taşıyıcı kolonları gibidir.

Çoğu "dindar" insan, ait olduğu din konusunda kendini oldukça mutmain ve müteşekkir hisseder. İnandığı dinin onu "doğru yolda" tuttuğundan ve "büyük ödüle" götüreceğinden "emin" bir "iman"la, hayatının temeline bu inancı koyar. Gereklerini tam olarak yerine getiremediğini düşünse bile, o inanca dahil olmak ona büyük bir rahatlık sağlar. İçini ısıtır. Yalnızlıktan ve ümitsizlikten korur. Bu gibi nedenlerle inançlar, ruhsal konforun en önemli ayaklarıdır. (Günün birinde tüm metafizik inançların ortadan kalkıp, tüm insanların seküler ve akılcı bir birliktelik kuracağını hayal eden ütopyacıların bir hayli beklemeleri gerekecek zira bu ayarlar öyle kolayca değişecek gibi durmuyor.) Öte yandan insanların çoğu, mensup oldukları inançların "neden öyle olduğunu", inançlarıyla ilgili bildikleri şeyleri "nereden bildiklerini" pek fazla sorgulama fırsatı bulamazlar. Bunun kolay bir yöntemi de yoktur. Bilimsel, tecrübî yahut gözlemsel sonuçlar olmadıklarından, belirli bir yöntemle araştırılıp "daha doğrusu" bulunabilecek bir şey de değildir dinî inançlar. Ancak inandığınızı söylediğiniz dinin muamelatına dair yazılanları okuyup bilginizi genişletebilir, teknik bilgilerle onu olabildiğince zenginleştirebilirsiniz. Kaldı ki yapılandırılmış kurumsal dinlerin birçoğu, insanları bu tip sorgulamalar yapmaya fırsat bulamayacakları kadar meşgul edebilen muamelat ve ritüellerle doludur.[14]

Günlük hayatın hemen her alanında o inancın gereklerine uygun bir yaşam düzeni kurma ve doğru davranış gösterme telaşı, zihinsel enerjinin çoğunu tüketen bir meşgale haline gelir. Bu enerji tüketimi ise yorucu olmaktan çok rahatlatıcıdır: Hayattaki belirsizliği ve anlamsızlığı azaltır, iyi ve doğru davranmanın zihinsel ödüllerinin keyfini yaşatır ve hayatta kalma motivasyonunu belirgin ölçüde arttırır. Ruhsal sorunların birçoğunda inançlar bu nedenle iyileştirici ve olumlu etkilere sahiptir; bu konu sayısız araştırmayla da belgelenmiştir. Bu gibi temel nedenlerle inançlar, insan topluluklarının ayrılmaz ve vazgeçilmez bileşenleri olmaya devam ederler.

GÖRSEL 6: İnançlar ne üzerine kurulu olurlarsa olsunlar, mânevî boşluğun ve hayattaki anlam sorununun en etkin çözüm yollarıdır.

Fakat madalyonun bir de diğer yüzü vardır: Belirli dinî inançlara gönülden bağlı olan insanlar, en saf haliyle, diğer insanların da o inanç sistemine mensup olmalarını arzu ederler. Onun

14 Sorgulama yöntem, araç ve kaynaklarına erişimi bir şekilde kısıtlı olan veya erişimi hiç olmayan çoğunluk için bunlar bir taraftan da oldukça faydalı, hatta vazgeçilmezdir. Zira hayatlarını ve zihinlerini nasıl dolduracaklarını bilemeyen insanlar bizzat kendileri ve diğer insanlar için ciddi bir tehdit oluşturma riski taşırlar. Herkesin hayatın ve varlığın anlamını sorgulamaya yetecek zamanı ve kaynağı olamayacağına göre, tüm dinî inanç ve geleneklerin toplumun çoğunluğu açısından derin bir işlevselliğe sahip olduğunu akıldan çıkarmamak gerekir.

için en saf ve doğru gerçekliği *kendi inancı* temsil ettiği için, diğer tüm insanları bir yanılgı içinde görme ve onları "doğru yola davet etme" konusunda çoğu dindar kişi naif ve iyi niyetli bir istek duyar. Bu isteğin temelinde, kendi inancının tek doğru yol olduğuna ve diğer insanların bilmeden "yanlış yolda" ömür tükettiklerine dair oldukça güçlü bir kanı yatar. Zaten kurumsal dinî inançların en önemli sonuçlarından biri de bu "grup aidiyeti" dediğimiz birliktelik hissini, "biz ve ötekiler" algısını pekiştirmesidir. Ancak durum her zaman bu iyi niyet düzeyinde kalmaz. Dindar kişinin davranışları sıklıkla bu iyi niyetli ve saf isteğin sınırlarını aşarak diğer inanç gruplarına ait olan yahut inançsız olduğunu beyan eden insanların düşüncelerine itiraz ve müdahale alanına girer.[15]

Kişiler ekseriyetle bunu "hayırlı" bir amaç için yaparlar; doğru bildiklerini, doğruluğundan emin oldukları dünya görüşünü daha fazla insanın benimsemesini isterler. Böyle bir propagandaya maruz kalan farklı inançlara mensup insanlar ise hemen hepimizin vereceği tepkiyi vermekte gecikmezler. Türkiye'de faaliyet gösteren Hıristiyan misyoner gruplarına karşı ara sıra oluşan tepkileri bilirsiniz. *"Müslüman mahallesinde salyangoz satmak"* gibi suçlamalar, bu tip çabaların farklı inanç mensupları için ne kadar rahatsız edici olduğunu anlatan ifadelerdir. **İnançlarımızı başkalarına anlatarak (tebliğ ederek) onlara iyilik yaptığımızı düşünürüz. Fakat başkaları bize inançlarını anlatmaya başladıklarında bunu "dayatma" ve "kötülük" olarak algılama ihtimalimiz pek yüksektir.**

Neredeyse tüm insanlar, inançları ve inançlarının tutarlılığı konusunda kendilerinden pek emindirler. (Zihinlerimizdeki "boşluk doldurma sistemi" bunu sağlayan en önemli araçlarımızın

15 Bu etki sadece dindar insanlarda görülmez; özellikle günümüzde inançsız (ateist-deist-agnostik gibi görüşlere sahip) insan ve oluşumların da diğer görüşleri eleştirme, şekillendirme, değiştirmeye gayret etme ve hatta alaya alma davranışlarını çokça gösterdiğine şahit oluyoruz. Bu her devirde böyledir; inancımız veya reddiyemiz ne olursa olsun ortak davranış kalıbı neredeyse hep aynıdır: "Herkes benim (bizim) gibi inansa, dünya daha güzel bir yer olurdu. Dolayısıyla bu konuda bir şeyler yapmalı yahut söylemeliyim." duygusu, belli dönemlerde de olsa pek çok insanı etkisi altına alabilen bir dürtüdür.

başında gelir.[16]) "Her şeyi" açıkladığına inandıkları metafizik kabullerinin "yanlış" yahut "eksik" olduğunu iddia eden bir başka argüman, hemen herkes için her zaman ciddi düzeyde sorun yaratır. Doğal olarak, kendi inançlarından farklı inançlarla karşılaşanların ilk tepkileri bu tarz inanç ve fikirlere direnç göstermektir. Yani biz en saf niyetlerle bir başkasına "doğru yola" dair öğütler verirken, aslında istemeden karşıdaki insanda ters bir tepki yaratırız. Bu da gayet doğal ve anlaşılır bir şeydir.

Çoğu zaman bu tip farklı inançların karşı karşıya gelmesi, bu nedenlerle maalesef çeşitli düzeylerde çatışma yaratır. Muhalif fikre sahip bir başka insanın zihnindeki temsilleri tam olarak anlamak çoğu zaman imkansızdır. Zira hem ifade zorlukları hem de her insanın sahip olduğu doğal düşünme zinciri boşlukları, karşı tarafa derdini istediği gibi anlatmaya ve karşısındakini anlamaya pek müsait değildir. İnançlar, anlatılmakla pek anlaşılamayacağı için çoğu zaman karşı tarafı "yalancılık" yahut "aptallık"la suçlama noktasına çok hızlı bir şekilde ulaşırız. *Cahillik*, en çok kullandığımız *teşhis* görünümlü yaftalamadır; bize göre bizim gibi inanmayan ve o "yanlış inancında" gayet "kör" bir biçimde ısrar eden insanların ekseri "cahil"dir.

Bu basit ve yaygın refleksleri bir araya toplarsanız, dünyadaki ihtilaf ve savaşların önemli bir kısmının neden inançlara, ideolojilere, değişmez dinsel kalıplara ve ezber davranışlara dayandığını daha net görebilirsiniz. **Hurafeler, bid'atlar, sonradan dinî uygulamaların içine sokulmuş yalan yanlış uygulamalar, "bizimki hariç" diğer inançlarda pek boldur!** Böyle olunca, bu sonuçlar da gayet doğaldır ve insanlar tüm bu tepkileri doğal olarak ortaya çıkarır.

İNANÇLAR "BİZİM İÇİN" NEDEN BU KADAR ÖNEMLİ?

İnsan zihni; sadece *etki-tepki* temelli, *faydalı-zararlı* ayrımına ve *durum öyleyse şöyle yap* tarzı koşullanmalara dayalı öğrenme süreçleri için pek büyük ve fazla karmaşıktır. Elbette tabiatımızın önemli kısmını, diğer hayvanlarla da paylaştığımız bu doğal hayatta kalma ve şartlanma devreleri oluşturur. Öte yandan, daha

16 Sinan Canan, *Değişen Be(y)nim*, Tuti Kitap, 2015, s. 210-214.

önce bahsettiğimiz gibi beynin aşırı büyümesi ve algı ile tepki devreleri arasında çok fazla miktarda alternatif yolun gelişmiş olması, insanın zihinsel dünyasının çok zengin ve ilave arayışlara muhtaç olmasını beraberinde getirmiş gibi görünüyor.

Soyut kavramlarla düşünebilme becerisine sahip yegâne yaratık olarak insanın ruhunda taşıdığı en önemli temel ihtiyaçlardan biri de "olan bitenlere tutarlı bir anlam" verebilme ihtiyacıdır. Gelişmiş bir zihinsel donanımın bu ihtiyacı hiç de küçümsenecek bir şey değildir; milyonlarca yıllık evrimsel süreç sonucunda anlam arayan, bütün olan bitenleri bir amaca ve öyküye bağlamak isteyen zihinlerin ortaya çıkışı, hikâyemizi bu kadar dramatik ve bu kitabı bu kadar uzun yapan temel meselemizdir.

İnançlar, yaşama dair anlam çerçeveleridir. Açıklama sunmazlar; oluşların mekanizmalarıyla ilgilenmezler, bizi "aydınlatmazlar".[17] İnançlar, bu karmaşık ve yabancı dünyadaki varlığımızın anlamına dair temel bir zemin sağlarlar. Yalnızlığımızdan, varoluş kaygımızdan, faniliğimizin getirdiği bunalımlardan bizi etkin olarak korurlar. Çoğu dindar insanın "inancını kaybetme" ihtimalinden, "ölüm"den daha fazla korkması, belki de bundandır. Zira insan için anlam, yaşamsal bir ihtiyaçtır ve bunu kaybetmek, çoğu insan için yaşamla bağdaşmaz bir zihinsel karmaşa doğurur. Yaşamın anlamsızlığından şikâyet ederek biyolojik ihtiyaçlarını göz ardı edebilen, yemeden içmeden kesilebilen veya uykusuz gecelerde kara kara düşüncelere dalabilen bir başka canlı hayal etmemiz imkânsızdır. Bu tuhaflıklar, sadece bize özeldir.

İNANÇLARIM NE KADAR "GERÇEK"?

Hepsi insanî, hepsi anlaşılabilir şeyler; buna şüphe yok. Peki inançlarımızın "gerçekliği"ne bakınca acaba ne göreceğiz? Biraz evvel açmaya çalıştığım gibi, inançlarımıza dair temel bilgi ve görgüyü ailemizden ve sosyal çevremizden alırız. Kabul ettiğimiz veya reddettiğimiz inançların kökeni bizzat bu sosyal piyangodur.

17 Düşünür Dücane Cündioğlu'ndan mülhem: "İnanç ısıtır, bilgi ise aydınlatır. Karanlıkta (yani *bilmeden*) yaşanabilir ama soğukta (yani *inançsız, umutsuz*) uzun süre yaşayamazsınız."

Evet, piyangodur çünkü neredeyse sonsuzda bir ihtimalle denk gelebilecek bir kombinasyonun içine rastlantısal olarak doğmuş durumdayız.[18] Neyin içine doğduysak, ona tâbi olur veya ondan kaçmak için enerji harcarız. Kabul ettiysek "nihai doğru", reddettiysek "en büyük yanılgı" bizim için artık o inanç sisteminin ve onun içerdiği her şeyin özetidir. Çok az insan okuryazar olduktan, aklı başına geldikten sonra bir durup da inançlarının kökenlerini araştırmaya, doğruyla yanlışı ayırt edip kendi inancına dair incelikli sorgulamalara girmeye cesaret edebilir. Bu zordur çünkü "hayatınızın anlamını anlatan temel zemininizle" oynamanızı gerektirir. Böyle bir cesaret hamlesi az sonra göreceğimiz gibi muhtelif sıkıntılara gebedir ve o nedenle çok seçilen bir yol değildir.

İnsanların inançları eleştiriye kapalı konulardır. İnançları eleştiremezsiniz. Eleştiri (kritik), düşünce ve fikirlerin akıl ve mantık süzgecinden geçirilerek incelenmesi ve yargılanması süreçlerine dayanır. Halbuki inançlar, çoğu zaman düşünce ve gözlemlere dayanmaz. İnançların sonucunda düşünce, fikir ve davranışlar ortaya çıkabilir. Bunlar da elbette eleştiri konusu olabilir. Ama inançların bizzat kendileri eleştiri dışıdır. Bir konuda herhangi bir inanca sahip olmamak diye bir iddia da temelsizdir. Zira **hayata anlam veren kabullerimiz, ister bir Tanrı inancına isterse her şeyin kaza eseri ortaya çıkan bir şanslı piyango olduğuna dayansın, temel kökleri itibariyle fizik ötesi inançlardır.**

İnançlar dünyaya anlam verme yöntemleridir. Bu anlam sadece inananı bağlar. Kendi inanç çerçevemizden bakınca diğerlerinin farklı inançlarının bize cahilce yahut mantıksız gelmesi doğaldır. Ama onlar için de aynı şey geçerlidir: Bizim inançlarımız da kritik

18 Hepimiz böyleyiz; rastlantısal koşulların içine atılmış ve yolunu bulması gereken gariban insanlar... Bunu kendimiz için kabul etmekte gönülsüz davranırız genelde. Birçok inançlı insan, kader anlayışı gereği bunun "nasip" ve "en uygunu" olduğuna inanır; bu başlangıç şartlarını kendisine bahşeden yaratıcıya şükran duyguları hisseder. Öte yandan, aynen kendisi gibi ama rastlantısal olarak "bambaşka" koşullarda doğmuş "diğer" insanlar için acıma duygusunu da örtük bir biçimde taşır. Onlar, maalesef kendisi kadar şanslı/kısmetli değildir ve gerçeği arayıp bulmakla yükümlüdürler. Bu mantıkta bariz bir sıkıntı olduğu dışarıdan açık biçimde gözükür ama çoğumuz kendimizi bu yanlış düşünce içerisinde "suç üstü" yakalayamayız bir türlü...

edilecek olsa tonla açıklanamaz ön kabule ve metafizik varsayıma dayanır. Kafası çalışan, aklı yerinde olan herkesin bir "inancı" vardır ve tüm inançlar için bu eleştiri muafiyeti geçerlidir.

İnançlar ne zaman bir sisteme, başka insanların hayatlarına etki eden fikir, görüş ve uygulamalara kapı açar; işte o zaman bunları tartışmak, faydalı faydasız, mantıklı mantıksız diye tasnif etmek mümkün hatta gerekli olur. Farklı inanç gruplarına baskı aracına dönüşen her türlü inanç (veya inançsızlık) insanlık suçudur ve sonuna kadar mücadele edilmesi gereken bir toplumsal kanser tipidir. Fakat kişinin kendi hayatına anlam vermek için temel aldığı inançlar, kendisini ilgilendiren tüm konularda eleştiri dışıdır. **"Ben başka türlü inanıyorum." demekte sonuna kadar özgür olmamız gerekirken, başkalarının inançları için "böyle inanç olmaz" demekle büyük bir aptallık yapmış olacağımızı da sıklıkla hatırlamamız gerekir.** Uygulamaları eleştirebiliriz ama inançları asla! Başkalarının inancının geçerliliği, hakikatle olan ilişkisi, mantıksal veya kanıta dayalı olma derecesi bizim sorgulamamıza açık konular değildir. Zira bütün inançlar sorgulanmamış, sınanmamış, deneyimlenmemiş toplumsal kabul örüntülerinden bizlere yansıyan karmaşık "potpuri"lerdir ve hepimiz inancımızı zaman içinde kendimizce şekillendiririz.[19] İnançların tartışma, siyaset veya ihtilaf konusu olarak ortaya geldiği her dönemde ise buna maruz kalan toplumlar hastalanır.

İNANCIYLA ÖVÜNMEK?

Öğrencilik yıllarımda Hıristiyan bir arkadaşımla Hacettepe Üniversitesi Beytepe Yerleşkesi'ndeki öğrenci kafeteryalarından birinde, ayak üstü bir "din-inanç" muhabbeti yaparken onun bana sorduğu bir soru, üzerimde derin bir etki yapmıştı. Herkesin anne babasından gördüğü din üzerine yaşamak zorunda kalması meselesi üzerinde konuşurken dedi ki:

---

19 İnançlarımızın sorgulanmamış, sınanmamış ve kanıta dayanmayan varsayımlar olduğuna içinizde kişisel bir itiraz uyandıysa lütfen durunuz ve bir daha düşününüz. İnancınızın sayısız kanıtı olduğunu düşünüyor olabilirsiniz. Acaba gerçekten öyle mi? Başka insanlardan duyduklarınız yahut okuduklarınız dışında ne biliyorsunuz? Veya "Nereden biliyorsunuz?"

"Düşünsene, sen Müslüman bir ailede doğdun; bense Hıristiyan. Sen İslâm inancına göre sadece ailenden gördüklerini tekrar ederek, farklı bütün dinî tavsiyelere kulağını tıkayarak doğrudan cennete gideceksin; bense aynısını yaparsam mecburen cehennemlik olacağım. Bunda bir tuhaflık yok mu?"

Evet, açık bir tuhaflık vardı elbette. Fakat hangi dine mensup olursa olsun insanların çoğu otomatik olarak böyle bir düşünce taşıyordu; çoğu zaman sözsüz, zımnî bir inanç olarak... O günden başlayarak insanın bu tuhaf ortak yanılsamasını düşünmeyi ana işlerimden biri edinmiş olmalıyım.[20]

İnançlarımız, içine doğduğumuz kültürün bize yaptığı en önemli etkilerdendir. Sadece dinî inançlarımız da değil, adına inanç dediğimiz tüm ön kabullerimiz bize diğer insanlardan gelir. Zira bilgi; deneyim ve gözleme dayanırken, inançlar ise paylaşılan ve insanlar arasında aktarılan soyut kabullerdir. "Erkekler ağlamaz." böyle bir inançtır mesela. Yahut "Türkler şöyledir..." gibi aşırı genelleyici, "Bilim tek yol göstericidir." gibi gayet metafizik, "Vatan toprağı kutsaldır." gibi değer ihdas edici nice inanç, toplumdan bize doğrudan aktarılır. Bunlar bilgiyle sınanamaz; bilimsel sorgulamaya açık değildir, verilerle değişmeye ve dönüşmeye dirençlidirler. Tam tersine, bu tip inançlar beynimizde birer filtre sistemi olarak çalışırlar. Bu filtreler, neyi öğrenip neyi öğrenmeyeceğimize, neyi görüp neyi görmeyeceğimize dahi karar verirler.

Kısacası: İnançlarımızın kökeni tamamen aktarıma dayanır. İnançlarını ciddiye alan insanlar ise tüm inançlarını sürekli sorgulayıp üzerlerinde mütemadiyen çalışarak kendi bakış açılarını ve dünya görüşlerini inşa etmeye zaman ve enerji ayıranlardır. Geri kalanı, kaba bir taklitten öteye geçemez ve bu da dünyadaki sürtüşmelerin en büyük nedenleri arasında baş sıralarda yer alır.

İnançlarımız ister dinî ister dünyevî olsun, beynimizde son derece belirleyici bir rol oynarlar. Ben buna genel olarak "beynimizdeki editör" demeyi severim.

---

20 Konuyla ilgili daha detaylı başlıkları *Unutulacak Şeyler* adlı kitabımda bulabilirsiniz. Özellikle 76-81. sayfalar arasını tavsiye ederim.

BEYNİMİZDEKİ EDİTÖR

Siz bu satırları okurken kafanızın bir yerlerinde oturan bir editör, yoğun bir faaliyet içinde çalışır. Muhtemelen daha bu kitabın adını ilk gördüğünüzde hemen işe koyulmuş ve "Dur bir dakika; bu mevzu bizimle ilgili olabilir." gibi birtakım yönlendirmeler yaparak sizi buralara kadar getirmiş bir editörden bahsediyoruz. Onun yönlendirmesi olmasa büyük ihtimalle bu satırları okuyor olmazdınız!

Beynimizin esas görevlerinden biri de bizim şu fani dünyadaki kısıtlı zamanımızda işimizi kolaylaştırmak, bize zaman kazandırmaktır. Bunu da özellikle "sol" lobunda bulunan devrelerde yerleşmiş "tanıma ve etiketleme" sistemleriyle yapar. Bu sistem, hayat boyu zihninize yüklenen yazılım bileşenlerinin tartışmasız hüküm sürdüğü bir yerdir. Mesela sakalı şöyle olan "şucudur", bu kelimeyi kullandığına göre "bucudur", erkekse "şöyledir", kadınsa "böyledir", şu şekilse "güzel", öbür türlüyse "çirkindir" gibi etiketleri hiç şuurunda olmadan yapıştırıp geçeriz çoğu zaman.

Bu etiketleme işinden sorumlu devreler, her meselenin üzerinde boşuna düşünüp de kıymetli zihinsel yakıtımızı heba etmeyelim diye uyanık olduğumuz her an çalışır dururlar. Doğal ortamımızda özellikle atalarımızın hayatını çokça kurtarmışlıkları da vardır muhtemelen. Ormanın loşluğunda hayal meyal görünen bir siluetin dost mu, düşman mı, yırtıcı mı yoksa sadece bir *kedi* mi olduğunu saniyenin kesirleri içinde anlayıp uygun bir hareket planı çizmemizi sağlayan devreler de bunlardı zira. Ama bugün modern ve karmakarışık yaşamımızda doğal ortamdaki bu avantajlar hızla dezavantaja dönüşebiliyor.

Mesela, aramızda kalsın, bu kitabı eline almaya dahi değer görmeyen birçok kişi (burada olmadıklarından rahat konuşabiliyorum), kafalarındaki o editör "Başlıkta insanın ayarları falan var, bizi gerer bunlar..." gibisinden bir etiketi otomatik olarak yapıştırdığı için kitabın bu kısımlarından bihaber bir şekilde yaşamlarını mutlu mesut sürdürüyor olabilir. Hatta birçok insan "*Şimdi kitap mı okunur yahu? Git, gez, eğlen; hayat kısa!*" diyen editörlerine boyun eğerek şu anda bir yerlerde günlerini gün ediyor olabilir.

Buraya kadar okumaya devam eden dostların bir kısmına bakarsak onlar beyinlerinin bir yerlerinde "insanlık" mevzularının meraka değer bir şey olduğuna dair arızalı birtakım yazılım "bug"larına sahip oldukları için, muhtemelen hâlâ buralarda okuyup anlama çabalarına devam ediyorlar. Pek az bir kısmımız ise kafasındaki editörü sağlam bir "yeni şeyler öğrenme azmi" balyozuyla geçici süreliğine bayılttığından, buraları filtresiz bir şekilde okuyup keyifleniyor belki de... Ne mutlu onlara! (Evet, sizden bahsediyorum!)

Sağ ve sol beynimizin farklı işlevlerine dair popüler literatür bir şekilde sizin de kulağınıza çalınmış olmalı. Her ne kadar magazine bolca malzeme edilse de (ve sırf bu nedenle bazı popüler bilim habercileri sağ-sol beyin ayrımı meselesine şiddetle reaksiyon gösterseler de) modern sinirbiliminin gerçekten önemli bir konusudur bu. Sadece bilimsel olarak değil, güncel hayatımızda da pek mühim telmihleri olan bir mevzudur bu aslında. Özetle, çoğumuzun sol beyni otomatik ve düşünmeden yapılan görevlerde, seri hareketlerde, kalıp düşüncelerde ve çoktan seçmeli sorulara cevap verme gibi işlerde pek mahirdir. Mesela yazı yazarken çoğu insanın sağ elini kullanması bu nedenledir. Beynin sol yanı, bedenin sağ tarafını kontrol eder ve yazı gibi otomatik ve karışık bir işi en iyi o sol taraftaki devreler becerir. Sol elini kullananlarda durum genellikle bunun tersidir; onların mahir elleri sol eldir çünkü beyinlerinin sağ tarafları mezkur işlerde daha baskındır.

Peki ya sağ taraf? O iş biraz karışık ama özetle; bir şeyi olduğu gibi algılamamız gerektiğinde, renkleri ve armoniyi çözümleme ihtiyacı duyduğumuzda, ilişkileri ve örtük anlamları fark etmemiz söz konusu olduğunda sağ taraftaki şebekeler devreye girmek zorunda kalır. Ama biri olmadan diğeri hep eksiktir, hatta tabiri caizse sakattır.[21]

Şimdi düşünelim: Yıllarca içinde çırpınıp durduğumuz şu "eğitim sistemi" bize neler yapıyor? O dörtgen sınıflarda yürütülen

21 Bu konuda detaylı bilgi için *Değişen Be(y)nim* adlı kitabımın 239-248 sayfaları arasına başvurabilirsiniz.

çoktan seçmeli sınavlarla, algoritma ve ezberlerle dolu bir sistem ancak sol beynin maharetleriyle üstesinden gelinebilecek bir eziyettir şu beynimiz için. Beyindeki devreler çalıştıkça geliştiğinden, yıllar süren bu eğitim sistemi cenderesi neticesinde çoğumuzun sol beyin devrelerinin aşırı çalışmaktan ötürü bir hayli kuvvetlendiğini hayal edebilirsiniz. Bu nedenle bahsettiğimiz seçici "editör"ümüz de pek bir kuvvetli ve etkilidir. Günlük yaşamda bize adeta *göz açtırmaz.*

Sadece eğitim sisteminin değil, içinde büyüdüğümüz o bol etiketli kültürün de zihinsel editörlerimizin kapasitesine katkısı çok büyüktür. "Bizlerden" olanları can kulağıyla dinler, bizim gibi konuşanlara kulağımızı dört açarken; ters bir şeyler söyleyenleri, aykırı fikir ve davranışları, başka "mahallelerin" yaşam tarzlarını hızla yok sayabiliriz mesela. Bizim gibi giyinmeyen, bizim gibi konuşmayan, bizim gibi inanmayan, bizim gibi olmayanlara karşı hemen "öteki" devrelerini ateşler editörümüz. Boşuna değildir bu kadar çalışma... Zira bu bize büyük bir konfor sağlar. Bildiğimiz tarzda rahat rahat yaşamamızı, son pişmanlık noktasına kadar zamanımızı hoyratça harcamamızı garanti eder.

Öte yandan, sanatla, edebiyatla, felsefeyle ve düşünceyle uğraşan "uyumsuz" beyinlerde durum bayağı bir farklıdır çünkü bu işler sağ-sol demeden bütün devrelerin külliyen işe karışmasını gerektirir. Ağır mevzulardır bunlar... Bu beyinler zamanla "fikrini değiştirebilmek" gibi inanılmaz ve çoğu toplulukta kabul edilmesi çok zor bir "arızayla" donatılırlar. En temel yaşamsal inançlarını ve fikirlerini bile açık yüreklilikle gözden geçirip, yaşına başına ve konumuna bakmadan değiştirebilen bu tipler, toplumları tarafından genellikle "dönek" ve "kaypak" gibi sıfatlarla anılabilirler. Zira çoğu insanın beynindeki editör, böyle bir değişimin ahlaksızca ve insanlık dışı olduğu bilgisiyle tam kapasitede çalışmaktadır. O nedenle insanların çoğunda görülen bir duruma hiç de yabancı değilizdir: "*Herkes gibi davranan, kendisi gibi davranmayana 'mecburen' kızar.*" *(Andre Gide)*

Beynimizdeki editörler, inançlarla çalışır. İnançlar ise "ben" dediğimiz o varlığın sınırlarını en kuvvetli şekilde işaretleyen köşe taşlarıdır. Onlar olmadan benlik diye bir şeyden bahsedilemez.[22] Öte yandan inançlar; değiştikçe, geliştikçe ve derinleştikçe bizi de değiştirip dönüştüren en büyük benlik parçalarımızdır. Yani **kendimizi değiştirmenin en kestirme yolu gerek kendimize gerek dış dünyaya ve gerekse şu varlığın anlamına dair inançlarımızı gözden geçirmek, yaşamsal deneyimlerimizle onları "daha iyi hale" getirmeye uğraşmaktır.** Bu uğraş ise son nefese kadar sürecek, sonu olmayan bir meşgaledir.

BENLİĞİN KURUCU DİREKLERİ

Buraya kadar böyle uzun uzadıya inançlardan bahsetmemin sebebi, benlik dediğimiz şeyin nasıl oluştuğunu en dramatik şekilde örnekleyecek konunun inançlar olduğunu düşünmemdir. Neyi yapıp neyi yapamayacağımıza, neyi duyup neyi duyamayacağımıza, neyi düşünüp neyi düşünemeyeceğimize karar veren hep o inançlardır. Bundan sonra, bizi "biz" yapan ve "muhtemel ben"e doğru değişmemizi var güçleriyle engelleyen o inançlarımızdan bahsedeceğiz. Bunun için adına "ben" dediğimiz şeyin nasıl oluştuğuna detaylıca bakalım.

Dünyaya gözümüzü açtığımız ilk andan itibaren çevremizde gördüğümüz tüm davranış kalıplarını bir sünger gibi emen beynimiz, etraftaki her şey hakkında ve özellikle de yaklaşık bir yaşından itibaren "kendi benliği" hakkında muhtelif fikirler geliştirmeye başlar. Bu fikirler, yine etraftan gördüğümüz örneklerle şekillenir. Her şeyi çevreden görerek ve çoğunu "sözsüz" iletişim kanallarıyla öğreniriz. Anne ve babamızın yahut diğer ev ahalisinin davranış kalıplarından erkek-kadın rollerine dair ilk fikirlerimizi edininiz. Varsa kardeşlerimizle olan ilişkimizden, ebeveynlerimizin kardeş-

---

22 Benliğimizi oluşturan tüm yapay tanımları elden geçirdiğimizi; onlardan kurtulduğumuzu; hiçbir insanî kaygı, zan, korku ve inanç ile sınırlanmadığımızı düşünelim. Tahayyül etmesi imkânsız bir haldir ama biraz düşünürsek bunlar olmadan, yani adına "ben" dediğimiz o "zanlar bütünü" zihnimizde mevcut olmadan biz bir "hiç" oluruz. Tasavvufta kâmil insan olma yolunun son durağının "hiçlik" olması da bu bağlamda derinlemesine düşünülmesi gereken bir mevzudur. Zira benlik, her türlüsüyle zanlardan oluşur ve her zan da insan ruhu için bir hapishanedir. Bu konuları kısmetse bir sonraki çalışmamızda biraz daha açmaya gayret edeceğiz.

lerimizle olan ilişkilerinden, etraftakilerin komşularla ve eş dostla iletişim biçimlerinden tonla bilgi alırız. Bunlar bizim için hep yegâne ve gerçekliğimizin ayrılmaz parçaları olan ilk örneklerdir.

Annemiz babamıza, babamız annemize nasıl davranıyorsa bizim de ileride eşimize yahut benzer yakınlıktaki kişilere davranış kalıplarımıza dair temeller, bu *örnek* davranışlarla atılır. İnançlar, kuvvetine ve aile hayatında kapladığı yere göre zihnimize birer birer nakşedilmeye başlanır. Merak, okuma alışkanlıkları, araştırmacılık, rahatlık veya huzursuzluk, isteme ve alma biçimlerimiz, sorabileceğimiz sorular, konuşamayacağımız tabular, bizimkiler, ötekiler, dostlar, düşmanlar, faydalılar, zararlılar, üsttekiler, alttakiler, tabiatla ilişkiler, sosyal tabakaya has roller, sahiplenmeler, sevgi ve nefret nesneleri... Aklınıza ne gelirse, o dönemlerde şekillenir.

Üniversite dönemimde annem evde ilk defa bakla yemeği yaptığında, babamın "Şimdiye kadar niye yememişiz, ne kadar lezzetliymiş!" dediğini hatırlarım. Neden yemediğini sorduğumda "Sevmezdim." demişti. Neden şimdi sevdiğini sorduğumda ise "aslında kendisinin baklanın tadını hiç bilmediğini, anneleri sevmediği için kendisinin de bakladan uzak durduğunu" anlatmıştı. O zaman bana çok saçma gelen bu izah, bugün beyin gelişimi ve gelişim psikolojisi penceresinden bakınca adeta kaçınılmaz görünüyor. Biz ailelerimizin doğal sonuçlarıyız, ebeveynlerimiz de kendi ailelerinin doğal sonuçlarıdır. Elbette aynı ortamda büyüyen insanlar aynı olmazlar; bu, insan bireylerinin her birinin parmak izleri gibi farklı olmasından ve sınırsız çeşitliliğimizden kaynaklanır. Tüm biyoloji/evrim tarihinde olduğu gibi bu bireysel benzersizlik ve çeşitlilik de yine bir topluluk olarak en büyük şanslarımızdan biridir.

Bu örneklerden de rahatlıkla anlayabileceğimiz üzere adına "ben" dediğimiz şey, aslında bir şekilde bize "verilmiş", çoğunu sorgusuz kabul ettiğimiz muhtelif vasıflardan oluşur. Bunda şaşılacak bir şey de yoktur. Zira dünyaya geldiğimiz anda ne yapacağını bilmeyen tek organımız olan beynimiz, başlangıç için bir dizi örneğe ve tanımlamaya; bir başka deyişle, sınırlara ihtiyaç duyar.

SONSUZ BİR OLASILIK EVRENİNE DOĞMAK

Bambaşka zaman ve koşullarda doğsaydık acaba nasıl biri olurduk? Bölümün en başında yaptığımız egzersizde de gördüğümüz gibi hayal gücümüz bu ihtimallerin kıyısından bile geçemez. Zira insanoğlu, ham ve yoğrulabilir bir varlık olarak sonsuz bir ihtimaller evreninin içine doğar. Her bir bebek neredeyse her şey olabilme potansiyeline sahiptir. Fakat böyle sonsuz ve sınırsız bir olasılık evreninin içinde hiçbir şey olamayız. Çünkü zihnimizin bir harekete, bir referans noktasına ihtiyacı vardır. Hatta muhtemelen doğduğumuz ilk anda şimdi erişkin yaşlarımızda bize ayrı duyular olarak gelen temel duyularımız bile birleşik ve bütüncül haldeydi.[23]

Hızla olgunlaşan ve uzmanlaşan beyin devrelerimiz sayesinde görme, işitme, tatma, koklama ve dokunma gibi duyuları, farklı deneyimler olarak zamanla birbirinden ayırt edebilmeye başlamamız mümkün olur. (*Sinestezi* adıyla bilinen ve duyuların birbirleri ile karıştığı durumlar, muhtemelen ilk doğduğumuz zamanlardaki zihinsel halimizin bazılarımızda varlığını sürdüren bir kalıntısı olabilir.) Bu ayrım ve sınırlar, "ben" dediğimiz benliğin ortaya çıkmasında çok önemlidir.

Lisan öğrenmemiz de benzer bir sınırlandırma prosedürüne dayanır. Belli ses gruplarını etrafımızdaki diğer insanların yaptığı gibi anlamlı sesler oluşturacak şekilde birleştirmeyi ve böylece derdimizi anlatmayı zamanla öğreniriz. O nedenle lisan kullanımına maruz kalmayan feral çocuklar, dil öğrenemezler. Daha sonra zihinsel düzlemde "ben" ve "diğerleri" ayrımı başlar. Yaklaşık bir yaşından itibaren gelişmeye başlayan (daha önce sosyal ilişkilerle ilgili bölümde de ele aldığımız) "zihin teorisi" basamakları ile artık diğerlerinden ayrı bir varlık olarak benliğimizin sınırları belirginleşme sürecine girer. Belli beğenileri olan, bazı şeyleri sevmeyen, kendi fikirleri, zevkleri, tercihleri, korkuları, telaşları, hayalleri, beklentileri, ihtiyaçları, becerileri ve yetersizlikleri olan bir insana dönüşürüz. Bu "kendimize" ait olduğunu zannettiği-

23 https://www.scientificamerican.com/article/infant-kandinskys/

miz şeylerin çoğu da çevremizden gördüğümüz örneklerle şekillenir. Birçok insanın sigaraya başlama öyküsünde, çok sevdikleri ve aynı zamanda sigara tiryakisi olan bir yakının varlığına rastlayabilirsiniz. Fobilerimizin de önemli bir kısmı ailevî veya çevresel deneyimlerle ilintilidir. Bunun gibi sayısız örnek, şahsımıza münhasır sandığımız nice özelliğimizin çevremizin ürünü olduğunun açık göstergesidir.

Sadece bebeklik dönemlerimiz değil, hayatımızın ilk gençlik ve ergenlik yılları da bizi ve benliğimizi şekillendiren sayısız karşılaşma ve seçimle doludur. Çocukluk dönemimizde arkadaşlarımız, okulumuz, öğretmenlerimiz yakından uzağa tüm çevremiz, dünyaya bakışımızdan kendimizi algılayışımıza kadar birçok temel zihinsel fakültemizi biçimlendirir. Okuldaki başarı veya başarısızlığımız, sosyal ortamlardaki ilişki kalıplarımız, hayatımızı zorlaştıran zorbalıklar, tehlikeler, kaçamaklar, yalanlar ve suçluluklar... Her bir deneyim, bizi biz yapan parçalardır. Gençlik dönemlerimizde ergenlik sinyallerinin getirdiği protestocu ve aykırı zihin dürtüklemeleri, yeni seçimleri ve yeni aidiyetleri de ihtimaller içine dahil eder. Kimi pop, kimi rock, kimi hip-hop kültürüne sarılır. Bazısı yetişkin sorunlarına el atmayı, başkası kendini sürekli eğlendirmeyi, bir diğeri yaratıcı faaliyetleri, öbürü ise çeteciliği seçebilir. Kendini tanımlamanın farklı yollarıdır hepsi.

Birçok insan sevdiği öğretmeninden aldığı bir ilhamla meslek tercihi yapar ve sonra çoğumuz hasbelkader bir meslek sahibi oluruz. Bunun gibi şanslı ve "mülhem" seçimler yanında, meslek seçiminde genellikle en belirleyici etkenler ya ailenin zorlaması ya ekonomik şartlar ya moda meslekler ya da küçüklükten beri kafaya takılmış bir mesele olabilir. Vesile ne olursa olsun, daha sonraları seçilen o meslek bizi tanımlamaya ve şekillendirmeye başlar. Seçilen, daha doğrusu kısmetler dizgesi sonucu kendimizi içinde bulduğumuz hayat tarzı, artık "bizi biz yapan" tüm özelliklerin bir manzumesi haline gelmiştir.

İşte adına "ben" dediğimiz şey, böyle enteresan bir "süreçler karmaşası" sonucunda oluşur.

Fakat hayat çoğu zaman karşımıza sayısız beklenmedik gelişmeyle çıkar. Çocukluktan ergenliğe, erişkinlikten yaşlılığa her devirde, "ben" dediğimiz o bireysel algıyı sarsacak, sorgulamamıza neden olacak birçok deneyim yaşarız. Sınırlarımız ve değerlerimiz çeşitli biçimlerde sürekli sınanır. Bu sınavlar bizi sürekli değişmeye zorlar. Bizim ise bu tip sınamalar karşısında genelde iki temel stratejimiz vardır: Ya "ben" dediğimiz tanımları savunmaya geçer ve onun dışında kalan tüm çözümleri dışlarız yahut "ben"i oluşturan tanımları bir daha gözden geçirir ve tanımlarımızı her defasında bir miktar daha esnetebiliriz, yani değişiriz.

İkinci strateji zordur; kavramsal olarak büyük değişimler gerektirir, rahatsız eder ve benlik konforunu ciddi olarak bozar. Bu rahatsızlık günlük yaşamda herkesin kaldırabileceği bir durum değildir elbette. Bu nedenle birçoğumuz "ben" tanımlarımızı olduğu yerde tutacak, kendimizi sorgulama zorunluluğunu azaltacak yollara, alışkanlıklara ve savunma mekanizmalarına sarılırız. Ben dediğimiz sınırları genişletmek "cesaret" ister ama o cesareti her an bulamayabiliriz. Neticede çoğumuz sıklıkla, değişmek yerine etraftaki dünyayı "ben" algımıza göre filtrelemeyi ve uygun olanları alıp olmayanları dışarıda bırakarak bildiğimiz hayatımıza devam etmeyi tercih ederiz.

BEN'İ GENİŞLETMEK

Kendi yaşamına liderlik edebilen, sınırları zorlayabilen insanlar; var olan tüm tanımlarını esnetme konusunda antrenmanlı, deneyimli olanlar arasından çıkar. Bu tip kişilerin genellikle diğerlerinden en önemli farkı, farklı olasılıklar konusunda bağnaz olmamalarıdır. Farklı olasılıklardaki fırsatları "ferasetle" görebildikleri için, deneme cesaretini çok daha kolay gösterebilirler. Neticede bu tip insanlar, "benlik" tanımlarını (en azından bu tanıma katkı yapan çeşitli kavramların sınırlarını) sürekli genişletebilen, kendilerine verilen sınırları sorgulama konusunda takıntılı bir dürtü geliştirmiş kimselerdir. Fakat dediğimiz gibi bu yol zor, rahatsızlık verici ve diğer insanlar açısından da çoğu kez sinir bozucu sonuçları olabilen, toplumsal uyumu bozar görünen davranışlar

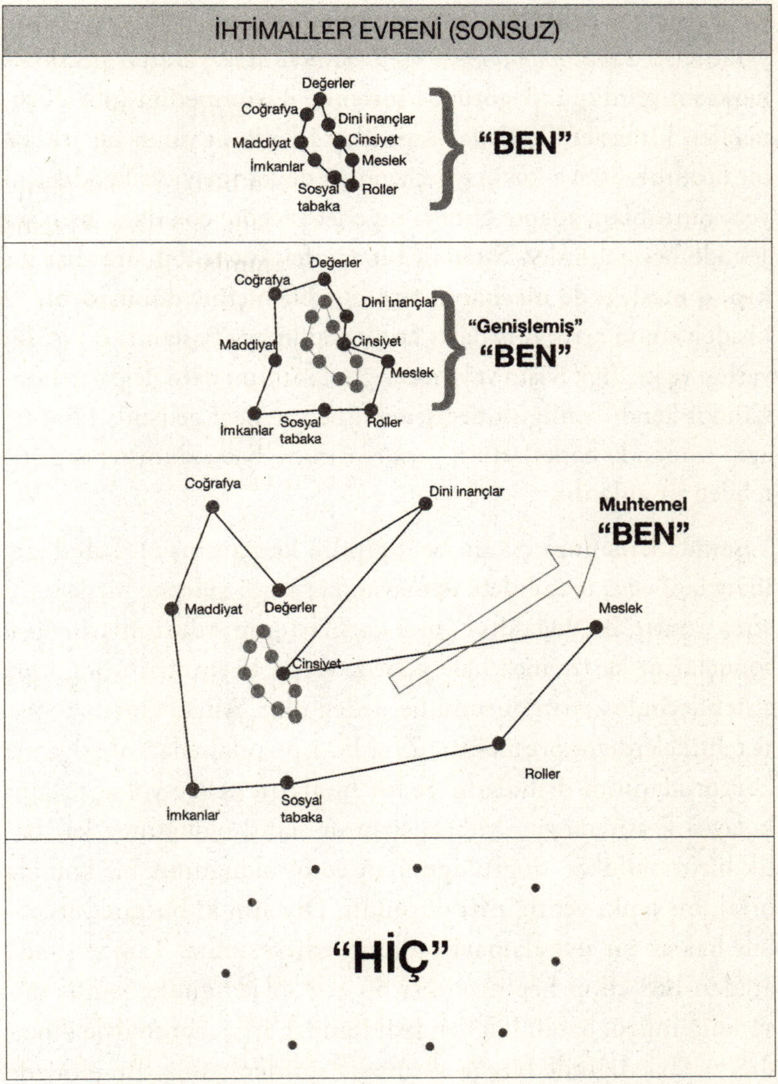

GÖRSEL 7: Sanal sınırlarla oluşturulan "ben"liklerin şematik gösterimi.

1. Sonsuz ihtimaller evrenine doğmuş bir insanın neredeyse tamamını çevresinden edinip öğrendiği değer, inanç ve rolleriyle oluşan ilkel "ben".

2. Hayat tecrübeleri ile pasif olarak genişleyen "genişlemiş ben".

3. Teorik olarak o kişinin erişebileceği, toplum şartlarının izin verebileceği ve teamüller içinde kalarak aktif biçimde ulaşılabilecek "muhtemel ben".

4. (Teorik olarak) Kişinin tüm tanımları reddettiği ve bütün ihtimallere eşit oranda açık olabildiği, pek mümkün gözükmeyen "hiçliğe kavuşmuş ben". (Kafamdaki resmin basit bir şematik versiyonudur.)

içerir. İşte o nedenle bu, az seçilen yoldur. Fakat bütün farkı da bu yaratır (*R. Frost'tan mülhem*[24]). **Yaşamda fark yaratan insanlar; herkesin gördüğünü görüp, kimsenin düşünmediği gibi düşünebilen kimselerdir.** Onlar yaptıkları işlerde şu yahut bu şekilde bir farklılık ortaya koymayı, çizgi dışı davranmayı ve kendilerini yeni durumlara adapte etmeyi diğerlerine göre çok daha hızlı bir şekilde becerebilirler. **Sıradan bir meslek mensubu sıra dışı bir kişi, o mesleği de mecburen sıra dışı bir biçime dönüştürür.** O kişiden sonra artık o iş daha farklı yapılmaya başlanır; o kişinin varlığı ve kişiliği, o işin veya mesleğin tanımını dahi değiştirebilir. Çünkü kendi benliğini değiştirebilme yeteneği gelişmiş insanlar aynı zamanda başkalarının yaşamlarını ve hatta dünyayı değiştirebilen insanlardır.

Yaşamda karşımıza çıkan, benliğimize kodlanmış ön kabullere, inançlara veya teamüllere uymayan her türlü gelişme bizde önce stres yaratır. Bu doğaldır çünkü karşılaştığımız durumların olası sonuçlarını kestiremez hale geliriz. O da beynimizin öngörme sistemlerinde alarm durumuna neden olur. Amaç yine bizi olası tehlikelerden korumaktır. Zira bu tip zorlamalar, alıştığımız konfor alanının dışındadır ve biz bunların nelere yol açacağını kolayca kestiremeyiz. Mesela sizin de dahil olduğunuz kalabalık bir toplulukla, doğruluğundan emin olduğunuz bir konuda ortak bir tepki verdiğinizi düşünün. Diyelim ki bir cinayeti yahut haksız bir uygulamayı protesto ediyorsunuz. Tam o sırada aradan biri çıkıp hepinize ters bir şey söylediğinde; yanlış düşündüğünüzü, hatalı bilgilendirildiğinizi, işin aslının öyle olmadığını söylediğinde büyük ihtimalle sinirlenirsiniz. Bu elinizde değildir. Belki sonrasında biraz sakinleşip dinleyerek işin aslını öğrenmeye çalışabilirsiniz ama bu da çok nadiren gösterilen bir olgunluktur. O nedenle mesela linç girişimleri sırasında kalabalığa itiraz etmek (eğer yeterince güçlü veya yaptırım sahibi değilseniz) pek de iyi bir fikir değildir. Arada siz de rahatlıkla kaynayabilirsiniz. Bu otomatik tepkiler, sürü halinde yaşamaya

24 Bir ormanda yol ikiye ayrıldı ve ben,
Ben gittim daha az geçilmişinden,
Bütün farkı yaratan bu oldu işte. (R. Frost)

kodlanmış bir memeli canlı örneği olan bedenimizin doğal ayarlarında mevcuttur.

Fakat insan tarafımız, başka hiçbir canlıda göremediğimiz şu beceriyi de taşır: Oturur, düşünür, tartar ve başka bir hareket tarzına ikna olabiliriz. Bir başka deyişle, inançlarımızı ve yargılarımızı değiştirebiliriz. Bunu yapabilmek hepimizin elindedir. Çoğu zaman toplumların davranışlarını istediği yönde (olumlu yahut olumsuz, fark etmez) değiştirebilen insanlar; insan topluluklarının nasıl davranacağını iyi bilen, toplumu tanıyan ve toplumun dinamiklerini yönlendirebilen kişilerdir. Bunlara lider deriz. Liderlerin yarattığı toplu değişimler yine sürü psikolojisinin dinamiklerine dayanır. Böyle değiştirilen bir toplumda aslında bireylerde gelişim anlamında bir değişim beklenmez. Zira değişen bir şey varsa o da toplumsal davranış ve tepki örüntüleridir. Öte yandan burada bahsettiğim, bir insanın kendi kararları ile topluma zıt da olsa farklı bir hareket tarzını benimseyebilme yeteneğidir. Sürüden ayrı, teamüllere aykırı, kafasına göre, bazen kendisine bir sürü zorluk çıkaracak sonuçlara yol açabilecek kararları alabilir ve uygulamaya koyabilir. Bu özellik; konforunu bozabilen, kendini bilinmeze doğru dönüştürebilme cesareti taşıyan insanların harcıdır.

Hayatın zorlamasıyla gerçekleşen mecburî ve pasif benlik değişimlerine *olgunlaşma* ve *erginleşme* gibi isimler takarız. Mesela küçüklüğümüzde birçok farklı garip inanca sahibizdir. Dolaptan çıkabilecek canavarlardan, karanlıktan, cin ve perilerden, masallardaki devlerden, her an bize ceza kesebilecek "eli sopalı" bir Tanrı'dan, terk edilmiş evlerden, delilerden ve bilinmeyenlerden korkarız. Fakat zamanla, yaşadıkça, deneyimledikçe ve öğrendikçe bu inançlar yerlerini daha mantıklı değerlendirmelere bırakır. Tabii her zaman değil; bazı korkular ve inançlar varlıklarını çok derinlerde devam ettirebilirler. Ama genellikle "büyümek" bizi daha mantıklı, daha uyumlu ve daha kontrollü bir algılama sistemine yöneltir. Bu hemen herkesin başına zaten doğal olarak gelen bir "benlik genişlemesi"dir. Genellikle pasif olarak, mecburen yaşanır. Ama insanların azımsanamayacak bir kısmı, ortak bir "tuhaflıktan" muztarip olarak bununla yetinmez ve kendilerini geliştirmek, "ben"lerini genişletmek için ilave bir şeyler yapmanın arayışıyla sürekli etrafı ve yeni imkânları kolaçan eder. İşte "ben'i genişletmek" diye bahsetmeye çalıştığım şey, bile isteye o rahat konfor alanını terk edip bilinmez olasılıkları hayatına dahil etme aşk ve şevkinin diğer adıdır. İnsanın fabrika ayarlarının benim açımdan en önemli parçası, bizi tüm hayvanlardan farklı kılan bu garip yetenektir. Herkeste her zaman ortaya çıkmayan ama herkesin yaşamında en azından birkaç kere varlığını hissettiren; kiminin hissettiği kiminin ise varlığından haberdar bile olmadığı o garip dürtüdür "sınırları aşma" arzusu...

SINIRLARINI YIKABİLEN İNSANLARIN ORTAK ÖZELLİĞİ

"Sınırları aşmak" dediğimde çoğu insanın aklına genellikle uç sporlarla uğraşan, dünya rekorları kıran, uzaya roketler gönderen veya diğer şâşaalı başarılara imza atan o bildik türdaşlarımız geliyor. Evet, bu tip tantanalı işler de elbette sınırları aşma güdülerimizin bir sonucudur. Ama beni burada esas ilgilendiren kişiler, doğumundan itibaren çevresi tarafından kendisine "sen" diye kodlanmış "benlik sınırlarını" esnetebilen, aşabilen ve yeni benlikler inşa edebilen veya buna muktedir olan *sıradan* insanlardır. Bu insanların sayıları hiç de az değildir ve çoğunun adını belki de sadece akrabaları bilir. Yani bunlar, yaptıkları işlerle meşhur olabilecekleri cinsten sınır zorlamalarla uğraşan kişiler değildirler ama bu insanların ortak bir özelliği vardır: **Onlar mutludurlar; hayatlarından derin bir tatmin hissederler ve yeniden bu dünyaya gelseler yine aynı hayatı yaşamak isteyecek kadar da iştiyakla ve sevinçle yaşarlar.** Adına "yaşama sanatı" dedikleri şey böyle bir şey olsa gerektir. Zira bu tip insanlar, kendilerini genişletip bu hayatın tüm imkânlarından faydalanmaya gayret ederek sıradan hayatlarını adeta bir cennete çevirmeyi başarırlar.

Elbette dünya koşullarında oluşturulan bu kişisel cennetler acı, sıkıntı ve dertten arınmış değildir. Öte yandan, bunlar gibi olumsuz gözüken durumların hepsinin, yüksek bir amaç için adeta arzu edildiği, hayatın anlamının içinde sıkıntıların bile bir anlam bulduğu güzel hayatlardır onlar. Sanırım böyle bir hayatı inşa etmek hepimize son derece çekici geliyordur. Bu noktadan sonra esas odağımız, "Böyle bir hayatı inşa etmek hepimiz için nasıl mümkün olur?" sorusunu cevaplamak olacak. Bu amaçla önce "havalı" işlerin mimarlarının zihin yapılarına kısaca bir göz atacak, ardından bizim gibi sıradan fanilerin bu başarılardan nasıl bir hisse çıkarabileceğine odaklanacağız.

BÜYÜK BAŞARILARA İMZA ATANLAR BİZDEN FARKLI MI?

Değişen Be(y)nim kitabımın son bölümü, "sınırları aşmak" meselesinin sinirbilimsel temellerini açıklamaya ayrılmıştı. Orada, olağanüstü insanların olağanüstü işler yapmasını sağlayan zihinsel bir mekanizma olan "Akış"tan detaylıca bahsetmiştim. Akış, çok özel bir zihin durumudur ve özetle; bir insanın deneyimli olduğu bir alanda yeni bir zorluk düzeyiyle karşılaştığında yaratıcı çözümler üretebilmesini sağlayan, zaman ve benlik algısının neredeyse tamamen buharlaştığı, yaratıcı ve kural dışı düşünme becerilerinin zirve yaptığı garip bir zihin halidir. Beyinde dopamin, serotonin, adrenalin, endorfin ve anandamid gibi kimyasalların miktarını arttıran, ön beynin işlevlerini yavaşlatarak tereddüt ve "acaba"ları en aza indiren bu özel zihin hali, "Akış hali" (zone) olarak da bilinen ruh durumunu beraberinde getirir. Bu hale girebilen insanlar, tekrar tekrar bu durumu yaşayabilmek için Akış'a geçtikleri o meşgaleyi sürekli tecrübe etmek isterler.

Akış mekanizması, hepimizin beyninde bulunan ve günlük hayatımızda birçok zihinsel işlevimizde temel rol oynayan nörokimyasal devrelerin ilginç bir kombinasyonda çalışmasıyla ortaya çıkar. Yani Akış deneyiminin ortaya çıkması için gerekli donanım özellikleri hepimizde mevcuttur. Fakat bu "Akış", herkeste ortaya çıkması kolay olmayan bir durumdur. Bunun temel sebebi, Akış halinin ortaya çıkabilmesi için gerekli olan ön şartları herkesin sağlamasının kolay olmamasıdır. Bu şartları kısaca bir özetleyelim:[25]

25 Söz konusu liste Steven Kotler'in *The Rise of Superman* (Üstün İnsanın Yükselişi) adlı kitabı ve Mihaly Csikszentmihalyi'nin "*Akış*" konusundaki çalışmala-

1. Yetiştirilme Ortamı: Bu tip başarılar gösteren insanların çoğunun yetişmesinde ilginç bir anne modeli dikkat çekiyor. Bu anne tipi, çocuğunu zorlu işleri yapmak için yüreklendiren ve aynı zamanda başarısızlık halinde bile koşulsuz sevgiyle onu bağrına basabilen bir anne modeli gibi görünüyor. Hırslı anne ile korumacı anne arasında melez bir sınıf olarak tanımlayabileceğimiz bu anne tipinin görece nadir olması, bu tip başarılara sahip insanların sayılarının neden az olduğunun bir açıklaması olabilir. Anne neden bu kadar önemli? Muhtemelen bunun nedeni, dünyaya gelen her bebeğin beyin devrelerinin oluşmasında ilk ve en önemli örneğin anne olmasıdır diye düşünebiliriz. Zira annenin genel tavrı, çocuklara büyük oranda temel bir etki yapıyor olmalı; çünkü anneler (veya annenin yokluğu halinde, onun rolünü üstlenmek durumunda kalan ilk bakım verici kişiler), bir insanın yetişmesindeki en önemli belirleyicilerdir.

2. Konfor Alanı Dışına Çıkma Alışkanlığı: Bu tip insanlar diğerleri gibi sıradan ve rutin hayatlardan, kendi konfor alanlarından çok çabuk bıkıyorlar. Sürekli yeni şeyler denemek, yeni meydan okumalar bulmak onların temel yaşam tarzını oluşturuyor. Bu özellik de yine her insanda alt yapısı bulunan ama az sayıda insanda ortaya çıkabilen bir durum olarak beliriyor. Bu tarz kişilerin sayısının az olmasının muhtemel nedenlerinden biri, çoğumuza yerleştirilmiş benlik tanımları içerisinde böyle maceracı bir ruhu engelleyecek birçok inanç ve gelenek kodunun bulunması olabilir. ("Durup dururken başına iş mi alacaksın? Sana mı kaldı? Ne gerek var?" gibi kalıplar size de tanıdık gelebilir.) Eğer bu inanç kalıpları tam yerleşmemiş veya zamanla esnetilmişse, ortaya böyle hareketli bir ruh halinin çıkması çok daha kolaylaşır. Hiperaktif davranışlarından bunaldığımız

---

rından derlenmiştir. Csikszentmihalyi, Akış kuramının kurucusu Macar bir psikologdur ve aynı adı taşıyan bir de kitabı mevcuttur. Steven Kotler ise Akış deneyimi ile rekorlar kıran ve çizgi dışı başarılar gösteren insanların ortak noktalarını keşfetmek üzere onlarca sporcu ve sanatçıyla mülakatlar yaparak bu ilginç eseri ortaya çıkarmış. Okumanızı tavsiye ederim.

çocuklarımızın da bu bağlamda konfor dışı davranışlara yönelmeleri ve böylece uygun bir vasat bulduklarında "Akış"a girmeleri çok daha kolaydır.

3. Motivasyon: Olağanüstü başarılara imza atan insanlar neredeyse hayat boyu kesintisiz süren bir motivasyona sahiptirler. Yaptıkları iş, uğraştıkları alan neyse ona delice bir tutkuyla bağlıdırlar; gece gündüz akılları o mesele ile meşguldür. Aşkla bağlı oldukları bu meşgale konusunda çalışmak, pratik yapmak, yeni denemelere girişmek onlara hiç zor gelmez; aksine bunları büyük bir zevkle yaparlar. Bu da söz konusu uğraş üzerinde görece kısa zamanda büyük *tecrübe* biriktirmelerini sağlar.

4. Tecrübe Biriktirmek: Akış deneyimi ancak tecrübeli olduğumuz alanlarda uğraşırken tetiklenebilen bir durumdur. Mesela tecrübeli bir dağcı, yeni bir dağa tırmanırken geçtiği Akış hali sayesinde, daha önce yapmayı dahi düşünemeyeceği manevralar ve yeni yöntemlerle bu zorlu görevi başarabilir. Fakat tırmanma tecrübesi olmayan benim gibi biri aynı parkura girerse sonu Akış değil, en iyi ihtimalle muhtelif kemiklerde kırık çıkık olacaktır. Akış, ancak bolca zaman yatırılan ve tecrübe biriktirilen alanlarda yeni ve zorlu bir sorunla karşılaşıldığı zaman tetiklenir.

5. Risk Almak: Akış deneyimini tetikleyen ve şiddetlendiren en önemli etkenlerden biri, girişilen işin ortaya koyduğu riskli durum ve bunun yaratacağı doğal heyecandır. Risk arttıkça Akış deneyiminin şiddeti de artar. Risksiz, garantili uğraşlar, ne kadar deneyim sahibi olunursa olunsun bir süre sonra Akış deneyimini tetiklemez olurlar. O nedenle bilinmeyen, yeni, tehlikeli ve belirsiz konular Akış deneyimi için birebir etkilidir. Tabii ki önceki şartlar sağlandığı takdirde...

6. Karmaşık Sorunlarla Uğraşmak: Rutin, basit, tekrarlardan oluşan ve sürpriz yenilikler sunmayan işler Akış sistemini devreye sokmamıza yetmiyor. Akış durumunun oluşabilmesi için yapılan işin yahut peşinde gidilen uğraşın kompleks, girift bir görev olması gerekiyor. Doğada farklı ortamlarda yapılan sıradan yürüyüşler bile bu nedenle "Akış'a girmeyi" sağlayabiliyor çünkü her seferinde tabiat bize bambaşka giriftlikte durumlar ve deneyimler sunabiliyor. Fakat yeknesak ve tekrarlı işler bizde genellikle Akış deneyimine benzer bir hal oluşturamıyor. Kaotik olay ve uyaranlar, fraktal geometrik görüntüler de uzmanlar tarafından Akış'ı kolaylaştıran deneyimler arasında sayılıyor.[26]

7. **Aylaklık:** Akış deneyimini sıklıkla yaşayabilen insanlar, toplumda genellikle "aylak" olarak anılan tiplerdir. Bu kişiler, bazen hiçbir işleri yahut aceleleri yokmuşçasına keyif çatıp kafalarına göre yaşar görünür ve böylece etrafındakilerin gözüne batan özellikler sergilerler. Öte yandan, aralarda meşgul oldukları spor alanı veya diğer uğraşlarıyla ilgili o kadar yoğun çalışırlar ki, o durumda pek fazla insan onları göremez. Dolayısıyla genellikle mahallede aylak aylak gezinen bir kişi olarak gördükleri insanın nasıl olup da o başarılara imza attığına birçok insan şaşırır. Bu durum, hepimizin beyninin ihtiyacı olan "aylaklık aktivitesi"nin faydalarına güzel bir örnektir. Daha önce "Düşük Stres" bölümümüzde, "Bizi Sıkıntıya Sokan Şeyler" başlığı altında değindiğimiz DMN (Varsayılan Durum Şebekesi) ancak insanın zihninin özel bir işle uğraşmadığı aylaklık hallerinde devreye giren ve zihnimizin verileri düzenleyip toparlamasını sağlayan özel bir faaliyet biçimidir. Bu tür "boş" zamanlar olmadan, zihinsel süreçlerin yaratıcı ve sağlıklı bir şekilde çalışmasında ciddi zorlukların oluştuğunu biliyoruz.

8. **Tevazu:** İlginç bir ortak nokta olarak, bu tip olağanüstü başarılarla adından söz ettiren insanların hemen hepsi ileri düzeyde tevazu sahibi kişiler olarak karşımıza çıkıyor. Araştırmacılar, tevazu ve Akış arasındaki ilişkiyi ortaya koyarken aslında pek de zorlanmıyorlar. Zira tevazu, sürekli olarak de-

---

26 Kaos kuramı ve fraktal geometri ile ilgili temel bilgiler için *Kimsenin Bilemeyeceği Şeyler* (Tuti Kitap, 2015) adlı kitabıma başvurabilirsiniz.

neyime açık kapı bırakan, öğrenme hevesini körükleyen ve "tamamlanmışlık" hissini engelleyen içsel bir kalitedir. Halbuki tevazu ortadan kalktığında yahut kibir hali bir insanı etkisi altına aldığında, kişinin öğrenme kanalları kapanmaya ve gelişimi durmaya başlıyor. Büyüklerimizin "Büyük görünme, küçülürsün." uyarısını burada bir kez daha kulaklara küpe etmekte fayda var.

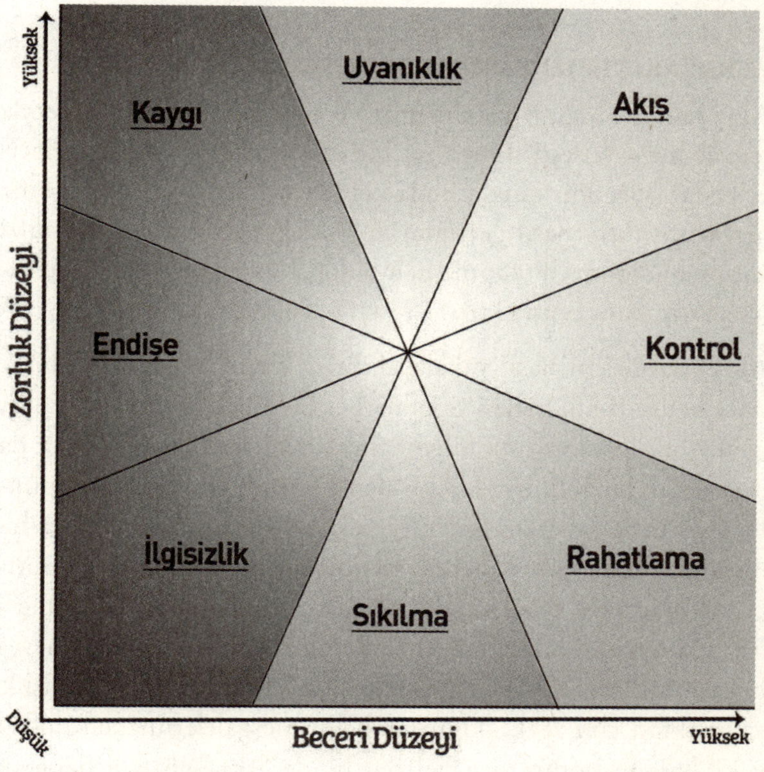

GÖRSEL 8: Akış deneyiminin nasıl ortaya çıkabileceğini gösteren grafik. (Mihaly Csikszentmihalyi'den değiştirilerek.) Bu basit grafiğe göre, her türlü uğraş için farklı beceri-deneyim düzeylerimiz ve yine önümüzdeki görevin bizim için farklı zorluk dereceleri vardır. Mesela becerimizin çok olduğu bir konuda basit bir iş yapıyorsak, zihinsel ve fiziksel olarak rahatlık hissederiz. Öte yandan eğer becerimizin ve deneyimimizin az olduğu bir konuda zor bir görevle karşılaşırsak, o durumda da doğal olarak endişe veya kaygı duyguları doğabilir. Akış deneyimi ise tecrübemizin en fazla olduğu konularda karşımıza çıkan zor bir görev olduğu takdirde tetiklenen, özel bir zihin halidir.

Özetleyecek olursak, sıra dışı işler becermemiz için hepimizin beden kimyasına yerleştirilmiş olan Akış'a geçebilme potansiyeli, ancak belli kişilerde ve belli koşullarda ortaya çıkabiliyor. Akış halinin ortaya çıkabilmesi için, bolca deneyimimizin olduğu bir konuda, yeni bir zorluk düzeyiyle karşılaşmamız gerekiyor. Son yıllarda farklı yerlerde görmüş olabileceğiniz bu basit grafik, Akış deneyiminin ortaya çıkış şartlarını anlamak için oldukça açıklayıcı bir araç olarak sıklıkla kullanılmakta...

KENDİ AKIŞ'IMIZI NASIL TETİKLEYEBİLİRİZ?

Akış hali, sınırları yıkabilmemiz ve yapılmayanı yapabilmemiz için içimize yerleştirilmiş özel bir mucizedir. Bu mucize elbette bedava değildir ama aslında çok da ucuzdur. Tek yapmamız gereken, vaktin nasıl geçtiğini anlayamayacak kadar kendimizi kaptırabildiğimiz birkaç meşgale bulup, bunlarda yeterince derinleşecek zamanı ayırmaktır.

Akış tecrübesini nasıl yakalayabiliriz? Zaten hayatınızda biraz önce bahsettiğim halleri yaşatan, benzer bir deneyim varsa Akış deneyiminin tadını da biliyorsunuz demektir. Fakat yoksa da dert değil; bulabilirsiniz. Akış deneyiminin en güzel hali, günlük işlerinizi yaparken gireceğiniz Akış durumlarıdır. Zira bu durumlar bazen son derece sıkıcı olabilecek bir mesaiyi yaratıcı bir maceraya dönüştürebilme potansiyeli taşırlar. Her meslek için uygun olmasa da genel olarak iş yerinizde bile deneyebileceğiniz bazı yollar olduğunu söyleyebilirim. Ama özellikle yapmaktan çok zevk aldığınız, belki meşgalelerinizden dolayı vakit bulamadığınız nice faaliyete bir de "Akış" gözüyle bakarak hayatınıza yepyeni bir "sınırları aşma" deneyimi katabilirsiniz. Nasıl mı?

Görsel-8'de gösterilen grafiğe göz atarsanız yaptığınız her türlü işte hissedebileceğiniz çeşitli duygu durumlarından oluşan bir yelpaze dikkatinizi çeker. İlgisizlik, endişe, kaygı, uyanıklık, kontrol, rahatlama ve sıkılma gibi duygular, günlük hayatımızda bizlere sıklıkla gelir ve giderler. Bunlar genellikle içinde bulunduğumuz ortama ve meşgul olduğumuz işlere göre şekillenir.

Bazen, bolca deneyimli olduğumuz bir konuda, ortalama zorlukta bir şeyler yaparken kendimizi, yaptığımız işi rahatlıkla kontrol edebilen ve emin bir durumda hissederiz. O zorlu tığ oyalarını saatlerce ören ve harika desenler çıkaran ninelerimizin halini hatırlayan varsa ne demek istediğimi anlayacaktır. Yahut kendimizi oldukça yetersiz bulduğumuz bir konuda, üzerimize zor ve riskli bir görev yüklenirse bir anda strese girer ve endişe yahut kaygı hislerine kapılabiliriz. Başka durumlarda, oldukça usta olduğumuz bir konuda kolay bir şeyi yaparken rahatlama hissedebiliriz. Birçok öğrenci, dersi daha rahat dinleyebilmek için parmakları arasındaki kalemleri akrobatik hareketlerle çevirme alışkanlığına sahiptir. Bunu rahatlamak için yaparlar. Fakat bu konuda iyi değilseniz denediğiniz takdirde moraliniz bozulabilir ve rahatlama duymak yerine mesela derse olan dikkatinizi tamamen yitirebilirsiniz. Aynı şekilde maalesef çoğumuzun başına sıklıkla geldiği gibi, günlük işlerin birçoğunu yaparken sıkılırız. Çünkü bu işlerdeki beceri düzeyimiz de, işlerin bizim için zorluk dereceleri de genellikle ortalama düzeydedir.

Şimdi günlük hayatta, mesela iş yerinizde yahut hobi olarak yaptığınız meşgalelerde nasıl bir ruh hali hissettiğinizi düşünün. Gününüzün çoğunu geçirdiğiniz iş yerinizde genel ruh haliniz bunlardan hangisine daha yakın? Eğer çalışırken kendinizi "rahatlamış" hissediyorsanız işinizde deneyiminiz ortalamanın üstündedir; kendinize güvenmektesinizdir. Fakat elinizdeki işler sizi pek fazla zorlamıyordur. Bu aslında avantajlı bir durum olmasına rağmen size Akış deneyimini yaşatamadığı için bir süre sonra o işlerden sıkılabilirsiniz (ki genellikle de olan budur).

Çizilen grafikte "rahatlama" alanına bakarsanız işin zorluğunun sizin için ne kadar düşük düzeyde kaldığını görebilirsiniz. Peki, acaba üzerinize vazife olmadığı halde bu derin deneyiminizi, o işi daha önce başkasının yapmadığı bir şekilde yapmaya kalkarak sınarsanız ne olur? İşiniz tabii ki zorlaşmaya başlar. Fakat zorluk derecesi artıp da sizi iyice uğraştırmaya başladığında, bir banka şubesindeki işiniz sırasında bile Akış durumuna geçebilirsiniz. Elbette bunun için sadece zor bir görev bulmak yetmez; o işi sevmek, motive olmak ve yukarıda saydığımız temel ortak şartları az da olsa yerine getirmek gerekir.

Diyelim ki uzun zamandır çalmak istediğiniz bir müzik aleti üzerinde çalışmaya başladınız; dersler alıyorsunuz. Başlangıçta her şey güzel. Biraz zorlanıyorsunuz ama çalıştıkça gelişim göstermek hoşunuza gidiyor. Derken birkaç ay içerisinde bir hayli anlamlı sesler çıkartabilmeye, sevdiğiniz şarkıları basit düzeyde de olsa icra edebilmeye başlıyorsunuz. Yani deneyim biriktiriyor ve gittikçe daha karmaşık eserleri öğreniyorsunuz. İşte böyle öğrenme yolculuklarının ustalaşma öncesi dönemlerinde çoğu insana bir "sıkılma" hali gelir. Çünkü bu dönemlerde daha ileri düzeyde gelişim göstermek ve ilerlemek gittikçe zorlaşır.

Grafikte sıkılma duygusunun yerine bakarsanız hem beceri düzeyimizin hem de o işin bize göre zorluğunun orta düzeyde olduğunu görürsünüz. Yapılması gereken hamle bellidir: Ustalığımızı ve deneyimimizi arttırmak için rutin çalışmalara ve tekrarlı pratiklere ağırlık vermek. Bu bizi zamanla daha usta, daha deneyimli yapacaktır. Ayrıca ara sıra çalışma rutinini, yerini ve biçimini de kafanıza göre değiştirerek beynin öğrenme kapasitesini arttırabilirsiniz. Böylece çok daha zor ve çetrefilli parçalara gözünüzü dikip sürekli bir Akış hali deneyimini yaşamanız gittikçe kolaylaşır. Elbette bu konuyla ilgili derin bir motivasyona ihtiyaç vardır. Böyle bir motivasyon varsa inatla çalışma da peşinden gelecektir. Aksi takdirde yani bilerek ve isteyerek o maharete ilave enerji yatırmadığınız durumlarda "biraz çaldım, sonra sıkıldım" şeklinde ifade edilen o ortak pişmanlık kervanına siz de katılırsınız.

Özetle, yukarıda saydığımız şartlar ve Akış diyagramının bize gösterdiği basit yöntemlerle, hayatımızda keyif aldığımız şeyleri birleştirip kendimizi ve sınırlarımızı aşmanın daha önce hiç aklımıza gelmeyen yollarını keşfedebilmemiz hem çok kolay hem de çok keyiflidir. Akış kabiliyeti insana bunun için verilmiştir ve bu, sınırları aşma güdümüzü tatmin edebilmenin en fıtrî, en eğlenceli ve en geliştirici yoludur.

Öte yandan birçok insan Akış deneyimini taklit eden uyuşturucu ve uyarıcı maddelere hızla bağımlı hale gelir. Mesela özellikle bir dönem sanatla uğraşan (daha doğrusu uğraşmaya heves eden) insanların LSD benzeri psikoaktif maddeleri yaygın olarak kullandığını duymuş olabilirsiniz. Bu tip maddeler, Akış durumunda yaşananlara benzeyen deneyimleri kısa yoldan oluşturabildikleri için bazen çokça tercih edilebilirler. Fakat sonuç, bir süre sonra bu tip maddelere karşı gelişen ve tehlikeli boyutlara ulaşabilen bağımlılık sorunlarıdır. Yani bu tip kısa yollar, bize uzun vadede faydadan çok zarar verir. Halbuki gerçek sanatçılar, gerçek rekortmenler, gerçek mucitler ve gerçek yaratıcı düşünürler böyle desteklere asla ihtiyaç duymazlar. Çünkü onların *muhtaç oldukları kudret, beyinlerindeki Akış devrelerinde mevcuttur* ve onlar bunu kendileri üzerinde bazen yıllar süren ısrarlı ve tutkulu çalışmaları ile keşfetmiş kişilerdir.

SIRADAN HAYATLARDAKİ SINIR AŞIMLARI

Akış deneyiminden alabileceğimiz derslerden biri, sıra dışı işler becerebilmek için hepimizin zihinsel donanımına özel bir hediyenin yerleştirilmiş olmasıdır. Bu hediyenin hepimizde potansiyel olarak bulunması, insan türünün evriminde bu özelliğin çok faydalı olmuş olabileceğine kuvvetle işaret eder. Zira böyle bir içsel hediye olmasaydı şu anda insan türü gibi zayıf bir varlığın bu kadar farklı imkân ve teknolojiyi keşfettiği, dünyayı kalıcı olarak kökten değiştirdiği bir çağda yaşıyor olma ihtimalimiz pek düşük olacaktı.

Akış deneyimi, insanın tuhaflıklarına dair örneklerden sadece bir tanesi. Genellikle kalabalık insan gruplarını etkileyen sportif yahut zihinsel başarıların altında yatan bir mekanizma olduğu için de oldukça ilgi gören bir mevzu. Son yıllarda yükselişe geçen pozitif psikolojinin temel konuları, hep bu ve benzer örnekler üzerinden, insanoğlunun esenlik ve mutluluğunun nasıl sürdürülebileceğine dair kafa yoran insanların yeni ve aktif bir çalışma alanı haline geldi. Fakat bu başarılar insan türünün çok küçük bir yüzdesine nasip olan, sınırlı sayıda insanı ilgilendiren, çoğu insan tarafından "doğuştan şanslı" olmakla yabancılaştırılabilen bir yapıda. Halbuki günlük hayatımız, Akış deneyiminden hiç de aşağı kalmayacak nice insanî sınır ihlalleriyle ve teamülleri darmadağın eden sıradan insanların o garip etkileriyle örülü. Bunu ise çoğu zaman fark etmiyoruz.

İnternette iyilik üzerine çekilmiş kısa motivasyon filmlerine rastlamışsınızdır. Özellikle Hintlilerin çok iyi becerdikleri ve oyuncu Aamir Khan'ın dünya çapında bir yıldız olmasını sağlayan bu tip temalar son derece sade, hayatın içinden ama aynı zamanda ta içimizde bir yerlere başarı ile dokunan hikâyelere dayanır. İstanbul'da her gün işine uzun bir metrobüs seyahati ile giden bir hanım arkadaşımızın anlattığı şu anı da bu bağlamda zikredilmeyi hak eden, kendi küçük, etkisi bence pek büyük bir deneyim olmuş. Bu küçük ve gerçek hikâye benim açımdan, günlük hayatta devrim yapmak isteyenlerin harika ilhamlar alabileceği bir zemin niteliğinde. Sayısız benzerine şahit olmuş olabileceğimiz kadar sıradan olmasına rağmen hayatlarımızı daha iyi bir yöne doğru dönüştürebilme potansiyeli taşıyan o gündelik deneyimlerden biri olan hikâyeyi kısaca aktarayım:

Her sabah olduğu gibi ilk duraktan metrobüse binen arkadaşımız, abonman kartını elektronik okuyucuya göstererek adımını araca atıyor. Tam o sırada genç şoför arkadaş, abartılı sayılabilecek bir neşeyle "Günaydın efendim, hoş geldiniz!" diyerek arkadaşımızı selamlıyor. Bir anda bu beklemediği selamlama ile irkilen arkadaşımız, şaşkın bir yüz ifadesiyle şoförün selamına yarım yamalak karşılık verip, hızla metrobüsün orta kısmına doğru ilerliyor. Bir yandan da "Bu neydi şimdi? Acaba bu çocuk bana *asıldı* mı yoksa herkese aynı şeyi mi yapıyor?" diye bir merak hissetmeye başlıyor. Aracın ortalarında durup, şoförü rahatça izleyebileceği bir noktadan takibe başlıyor.

Metrobüs şoförü harekete geçiyor ve her durakta durduğunda araca yeni binen her yolcuyu aynı neşeyle ve farklı farklı cümlelerle selamlamaya ısrarla devam ediyor. Herkesi ayrı ayrı "Günaydınlar olsun; gününüz hayırla dolsun!", "Hoş geldiniz, güzel günleriniz olsun!", "Günaydınlar efendim, hayırlı günler!", "Merhaba, hoş geldiniz!" gibi doğurgan cümlelerle gayet doğal ve bulaşıcı bir neşe içinde selamlıyor. İşin ilginç tarafı, metrobüse binen neredeyse tüm yolcular, bu selamlama faslına "minik bir elektrik çarpılmasına uğramış gibi" tepki veriyor. Hafifçe geri çekilip biraz irkilerek, bazen selamını alıp bazen hiç karşılık vermeyerek metrobüsü doldurmaya devam ediyorlar.

Şoförün bu ritüeli duraklar boyunca sürerken, arkadaşımız da hayretle durumu izlemeye devam ediyor. Birkaç durak sonra metrobüs iyice dolmaya başladığında arkadaşımızın dikkatini bir başka şey çekiyor. Metrobüs, hafta içi her sabah olduğu gibi yine neredeyse tam kapasitede dolu olmasına rağmen bu kez aracın içindeki kalabalıkta tuhaf bir haller olduğunu fark ediyor. İçeride çok fazla insan sesi var çünkü neredeyse herkes birbiriyle muhabbete başlamış durumda. Hatta arkadaşımız birbirini hiç tanımayan bu insanlar arasında bazı muhabbetlerin nasıl başladığına da dikkat etmiş. Mesela şoförden o coşkulu selamı alıp da şaşıran bir hanımefendi, dolmakta olan metrobüsün ortasına doğru ilerlerken kendi kendine söyleniyor: "Allah Allah, bu ne enteresan bir şoför böyle? Hiç de böylesini görmemiştim..." O hanımın mırıldanmasını duyan bir beyefendi "Aman efendim ben senelerce Belçika'da yaşadım, orada neredeyse tüm şoförler böyle." diye yanıt veriyor. Biraz sessizlikten sonra bir başka beyefendi "Sizin Belçika ile irtibatınız nereden? Benim oğlum evlenince oraya taşındı da..." diye yeni bir sohbet açıyor.

Ortalık kabul günü gibi; herkes bir muhabbette, sıklıkla metrobüs şoförüne atıflar yapılıyor ve "Keşke böyle şoförler daha çok olsa..." dilekleri de yüksek sesle sıkça dillendiriliyor. Her sabah belki de ellerindeki telefonlardan yahut basılı metinlerden gözünü ayırıp da bir türlü etrafına bakmayan onca insan, o sabah birbirleri ile muhabbet etmenin keyfini doyasıya yaşıyor. Her sabah yüzlerce insanın gayet tatsız bir şekilde, konserve sardalyalar misali seyahat ettikleri o taşıma aracı, o gün belki de hayatları boyunca hiç konuşma ihtimalleri olmayan yüzlerce insana iletişim imkânı veren güzel bir sosyal ortama dönüşüveriyor. Bunların hepsinin kaynağı, en azından o gün aracına binen herkese selam vermeye karar vermiş genç bir şoför...

Şimdi düşünelim: O metrobüste o sabah neler olmuş olabilir? Kimler kimlerle neler konuşmuş, nasıl tanışıklıklar oluşmuş, hayatlar nasıl değişmiştir acaba? Sadece o kadar insanın yüzüne bir gülümseme yerleştirebilmenin bile dünyayı nasıl değiştirmiş olabileceğini tahmin etmek, çok zordur. Kelebek etkisi her zaman olduğu gibi o gün de iş başındadır. İntihar etmeyi düşünen bir kişinin o araçtaki neşveye maruz kaldıktan sonra bundan vazgeçtiği bir senaryo dahi artık mümkündür. Yani birkaç selam, bir hayat bile kurtarmış olabilir. O gün bir selamın değerini anlayan bizim arkadaşımız gibi nice insan, etrafına daha bir sevecen, daha bir şefkatle yaklaşmayı hayatına yeniden yerleştirme konusunda biraz daha istekli olmuştur belki de. Ardından bunu yapabilenlerin yaratabileceği olası değişimleri de bir düşünün. Bunların hiçbirini bizler bilemeyiz ama gerçek hayat tüm bu potansiyelleri içinde taşır. O araçta başlayan neşeli muhabbetlerin sonucunda her ne olduysa hepsi; normal sınırların ve kabullerin dışında davranmayı seçen, sadece herkese selam veren ve "insanın fabrika ayarları"na uyumlu tavır sergileyen bir genç adam sayesinde oldu. Sınırları aşmak bazen sadece basit bir seçimle, işte bu kadar kolay yapılabilen bir şeydir. En kalıcı devrimler de böyle doğal değişimlerle gerçekleşir.

Yapamam demeyin; deneyin ve ardından doğal mucizeleri izlemenin keyfini yaşayın.

HANGİ SINIRI NASIL AŞACAĞIZ?

İnsanoğlu, sınırlarını aşabilme yeteneğine sahip tek canlı olduğundan, rehberliğe de ihtiyaç duyan tek canlıdır. Evet, rehberliğe ihtiyaç duyarız çünkü sınırlarımızı aşmanın faydalı ve zararlı sonuçları olabilir. Sınırlarımızın bir kısmı bizi kısıtlar ve kendimiz olma yolculuğumuzda bize engel teşkil ederken, bazı sınırlar da birlikte yaşayabilmemiz yahut insan kalabilmemiz için mutlak gereklidir. Mesela "insanları öldürmemek gerektiği"ne dair bir inancınız, bir kırmızı çizginiz muhtemelen vardır. Bu sınır, aşılması değil korunması gereken sınırlardan biridir ve bizi insanlık çizgisinde tutmaya yarar. Diğer sınırlayıcı düşünce ve inançlarımızda ise bu ayrım o kadar belirgin değildir. Bazılarımız diğer insanların hayatlarını zorlaştıracak inançlara sıkı sıkıya tutunur yahut bu dünyadan hakkıyla keyif almalarını ve bu hayatı daha fazla istifadeyle yaşamalarını engelleyen nice kuralları benliklerinin ayrılmaz ve kutsal parçaları olarak benimseyebilir. Bunun nedeniyse kendilerine işkence etme isteği değildir; çoğumuz bu tip sınırlayıcı inançları "öyle olması gerektiğine inandığımız" ve "aksini düşünmeye dair bir nedenimiz olmadığı" için bilinçsiz olarak kabul ederiz. "Bu iş bana düşmez", "kadınlar öyle şeyler yapmaz", "belli bir yaştan sonra o iş olmaz", "insanlara güvenilmez" gibi inançlarımız, böyle inançların örnekleridir. Nedeni sorulduğunda bunları açıklayıcı birçok gerekçe sıralayabilsek de bu inançlara aykırı davranışlarla gayet güzel yaşayabilen insan örneklerinin de var olduğunu biliriz. Bu tip iç sınırlar sadece bizim içindir ve sadece bizi bağlar. "Bağlar" derken, kelimenin gerçek anlamını kastediyorum: Hareket, düşünce ve kararlarımızı bağlayan; davranışlarımızı yönlendiren şeyler bu tip iç inançlardır.

Davranış kalıplarımızın değişimi için inançlarımızın değişmesi, inançlarımızın değişmesi için de beynimizdeki değerlendirme bağlantılarının ve devrelerinin değişmesi gerekir. Bu da söylenebildiği kadar kolay bir iş değildir. *Değişen Be(y)nim* isimli kitabımda uzun uzadıya anlatmaya çalıştığım gibi, beynimizin değişimi her an gerçekleşen doğal bir süreç olmasına rağmen "istediğimiz ve arzu ettiğimiz yönde" değiştirilebilmesi, temel bazı faktörlerin yerine getirilmesine bağlıdır. Bu faktörler duygusal motivasyon, tekrar, deneme yanılma, tevazu, özgüven ve açık fikirlilik gibi günlük hayatta da faydasını çokça bildiğimiz faktörlerdir.

Davranışlarımızı yahut inançlarımızı sırf değiştirmek için değiştiremeyiz. Bunun temel bir nedeni olmalıdır. Değişimin içsel nedenlerini oluşturan düşünceler de yine başka inançlardan beslenir. Mesela "Hayatım berbat halde. Bu durum muhtemelen insanlara çok güvendiğimden dolayı başıma geldi. Öyleyse ben bundan sonra kimseye güvenmeyeceğim." şeklinde bir çıkarım; kıt bir akıl yürütmeye dayanan, yaralı (travmatik) ve genellikle de zararlı bir düşünce kalıbına örnektir. Bu noktadan sonra "kimseye güvenmemek" muhtemelen hayatın daha iyi olmasını sağlamayacak; daha fazla zarar görmemek için alınan korunma tedbirleri, büyük ihtimalle hayatımızın daha iyi yönde gelişmesini geciktirecektir. Böyle bir davranış değişimi de önceden var olan "insanlara güvenirim" adlı içsel prensibin ve "güvenmemek ayıptır" şeklindeki bir başka ilişkili sınırın aşılması anlamına gelir. Ama bu sınır aşımı bizlere genellikle pek fazla mutluluk getirmez. Faydalı olan sınır aşımı hemen her zaman "insanlar güvenilmezdir" diye bir yargı varsa bunu aşmak ve zorlamaktır.

Sınırlarımızı nasıl ve ne yönde aşacağımızı bilebilmek ve keşfedebilmek için rehberliğe ihtiyacımız vardır. Bu rehberlik hayatımızın her anı için gereklidir. Şu anda bu sayfaları okuyor olmanız bile belirli konularda daha fazla bilgi edinmek üzere başvurduğunuz rehberlik arayışının bir sonucudur. Hepimiz diğerlerinden bir şeyler öğrenir, bize uygun gelen bilgileri hayatımıza uygulamaya gayret ederiz. Başkalarının rehberliği olmadan yaşayabilmemiz imkânsızdır zira ne kadar zeki ve bilgili olursak olalım, hayatımızın tüm ihtiyaçlarını karşılayabilecek ve tüm iç sorunlarımızı kendi aklımızla çözebilecek kadar donanımlı olmamız imkânsızdır.

Bunun temel nedeni, adına "gerçeklik" dediğimiz bu dış dünyanın zihnimizde yaratılan bir illüzyon ve kişisel temsil olmasıdır. Gerçeklik dediğimiz, dünya dediğimiz, evren dediğimiz ve hatta "ben" dediğimiz her şey kendi zihinsel donanımımızın kabiliyetleri nispetinde algılayabildiğimiz ve zihnimizde yarattığımız bir kompleks değerlendirmeler dizisinden oluşur. Dış dünya muhtemelen vardır fakat biz onu hiçbir zaman olduğu gibi algılayamayız.[27] Bu da bizi son derece sınırlı varlıklar haline getirir. Bu sınırlılıktan tüm canlılar doğal olarak nasibini alır ancak bizim ulaşmak istediğimiz (hakikatin ne olduğu, gerçekte kim olduğumuz, hayatımızın amacı gibi konuları içeren) bilgi düzeyi, algı kapasitemizi ve düşünce üretme yeteneğimizi kat kat aşan bir mecradadır. Bu tip meselelerde daha fazla zihnin görüş açılarına

27 Bu konu, eğer yeni tanışıyorsanız detaylı bir okuma ve derin tefekkürü hak eden bir konudur. Başlangıç için daha önce yazdığım *Kimsenin Bilemeyeceği Şeyler* ve *Unutulacak Şeyler* adlı kitaplarımızı önerebilirim. "Gerçek Matrix mi?" ve "Dünya Denen Arayüz" başlıklı bölümler, muhtemelen zihninizdeki düşünce karmaşasını (olumlu anlamda) bir hayli arttıracaktır.

ihtiyacımız vardır. Zira diğer insanların bakış açıları, eğer doğru anlayabilirsek, bizi en çok zenginleştirecek ipuçları olabilir. Mesela "Bir kitabı okurken o kitaptaki iddialara en az yazarı kadar kafa yormuyorsanız okumanız boşunadır." mealinde uyarılar yapan Schopenhauer ve Cemil Meriç gibi düşünürler, böyle bir noktaya dikkat çekmeye çalışır gibidirler. Başkalarının fikir ve deneyimlerinden istifade etmek istememizin temel nedeni, aslında kendimizi anlama isteğimizdir. Bunu da ancak her türlü veriyi dikkatli bir şekilde alıp, incelikli bir şekilde değerlendirerek ve içselleştirerek yapabiliriz. Geri kalan tüm veriler bizde "malumat" olarak kalır ve yaşamımızda pek bir değişikliğe neden olmaz.

Herkesten bir şeyler öğreniriz. "*Hiçbir insana rastlamadım ki onda öğrenilecek bir şey olmasın.*" diyen Alfred de Vigny pek haklıdır. İnsanlara ön yargılarımızdan mümkün mertebe kurtularak yaklaştığımızda, her insanın farklı bir evren olduğunu ve onlardan öğrenecek çok şeyimiz olduğunu hemen fark ederiz. Kibir ve ön yargılar, bu sonsuz istifade kaynaklarını tıkayan en önemli iç tıkaçlarımızdır. Fakat aldığımız tüm bilgiler, edindiğimiz tüm deneyimler, sonuçta "ben"liğimizin içindeki değerlendirme sistemimizin birleştirme ve anlamlandırma yöntemlerine göre bir anlam ifade eder. Doğru ve amaçlı bir yönde değişebilmek için öncelikle zihnimizdeki bu birleştirme ve anlamlandırma sisteminin çalışma mantığını anlamak çok faydalıdır. Bu sisteme biz günlük hayatımızda "akıl" diyoruz.

AKIL NEDİR, NE İŞE YARAR?

Arapça kökenli akıl kelimesinin kök anlamlarından biri "bağlamak"tır. Arapçada "devenin ayağına bağlanan ip" mânâsındaki bir kökten türetilmiş olan bu kelime, çoğu zaman "insanı bir çizgide tutan, sorun çözebilme becerisi anlamındaki zekâyı amaca yönelik kullanmayı sağlayan ve çizgi dışına kaymayı engelleyen" bir özellik olarak görülür. Eskiden "delilik" denen durumların "aklı kaybetmek" ile ortaya çıktığını düşünmemiz de bundandır. **Zekâ bir at ise akıl onun süvarisi gibidir; güçlü bineğin nereye ve ne hızda yol alacağını o kontrol eder.**

Bu tanımlar büyük oranda geçerli ve doğru olmakla birlikte, kelime kökeninin çağrıştırdığı en önde gelen anlamı çoğu zaman gizler. Akıl, birbirinden ayrık bilgi ve deneyim parçalarını bütüncül bir anlam oluşturacak şekilde "bağlayabilme" becerisidir aynı zamanda. Bunun için çok bilindik bir hafıza testini örnek olarak verebiliriz: Aşağıda yirmi tane rastgele seçilmiş kelime var. Sizden ricam, bunları sırayla birkaç kez okuduktan sonra sayfaya bakmadan aklınızda kalan kelimeleri sırasıyla saymanız olacak. Önce kelimeleri okuyalım:

Ördek, çatı, bahçe, duman, kek, halı, kabuk, hasta, sulak, çeşni, kerpeten, otomobil, böcek, fıskiye, seçmen, fiyat, toprak, uçak, galaksi, puset.

Şimdi gözünüzü başka bir yana çevirip kelimeleri sırasıyla hatırlamaya çalışın. Çoğu insan en fazla 7-8 kelimeyi sırayla hatırlayabilir ve bu oldukça iyi bir performanstır. Şimdi ise aynı kelimeleri uydurma ve absürt bir öyküde birleştirip bu öyküyü birkaç kez okuyalım ve bu sırada da mümkün mertebe konuyu gözümüzde canlandırmaya çalışalım:

> *"Bir ördek, çatıda biten çimenleri yemek için, bahçenin girişindeki dumanlı yolu geçip, kek bulaşmış bir halının üzerine bastı. Halının üzerindeki ağaç kabuklarının başka ördekleri de hasta ettiğini bildiği için buradan uzaklaşıp sulak bir yer aramaya karar verdi. Gezerken duvarda bir Osmanlı çeşnicibaşısının resminin bulunduğu odada, yanlışlıkla yerdeki kerpetene bastı. Hemen yandaki otomobil garajının kapısından çıkan büyük bir böceği görünce bahçede bulunan fıskiyeli havuza doğru korkuyla koştu. Çıkış kapısına asılmış seçmen listelerini havalandıracak kadar büyük bir telaşla üzerinde henüz fiyat etiketi duran topraktan yapılmış uçağa çarptı. Uçak düşüp kırıldığında yerdeki parçalar bir galaksi gibi saçılırken irice bir parçası kapının yanında duran pusetin tekerleğinin yanında durup ileri geri sallanmaya başladı."*

Evet, pek saçma bir kurgu ama birkaç kez okuyup gözünüzde canlandırmaya çalıştıysanız en başta verdiğim yirmi kelimeyi bu hikâye içinde çok daha iyi hatırlayabildiğinizi fark edeceksiniz.

Herhangi bir rastgele kelime veya kavram listesi için siz de böyle saçma hikâyeler oluşturabilir ve hatırlama gücünüzü dikkate değer bir biçimde arttırabilirsiniz. Bu tip hikâyeleştirmeler ve baş harflerden yapılan (akronim) tekerlemeler, bir sürü anatomik terim öğrenmek zorunda olan tıp fakültesi öğrencilerinin tüm dünyada sıklıkla kullandığı tekniklerdendir.

Bu örnek, birbirinden ayrı gibi görünen kavram ve deneyimleri birbirine bir şekilde bağlamayı seven; bağlayabildiği takdirde çok daha iyi hatırlayabilen bir iç sisteme işaret ediyor. İşte adına akıl dediğimiz yeteneğimizin bizim için en önemli işlerinden biri budur. Aklımızın verileri değerlendirmesi, bunları birbirine nasıl bağladığıyla ilişkilidir. Aynı kelime, kavram, olay veya tecrübe, farklı akıllar açısından bambaşka anlamlara gelebilir.

Daha önce *Kimsenin Bilemeyeceği Şeyler* kitabımın "Toplumsal Söz Yitimi (Afazi)" başlıklı bölümünde, aynı kelimelere farklı anlamlar yüklememizin iletişim ve birlikte hareket etme yeteneklerimizi nasıl baltaladığını detaylıca anlatmaya çalışmıştım. Buradaki konu, günlük hayatta yaşadığımız bu tip anlam farklılıklarının nedenidir. Hepimizin aklı kendine göre bir büyük resim içinde, hepimizin kendi özgün hikâyesi içinde iş görür. **Aklımızın verileri nasıl birleştireceğini, hangi deneyimleri kendi hikâyemize dahil edip edemeyeceğini ise "ben" dediğimiz o iç benlik sınırlarını oluşturan inançlarımız belirler.** "Ben" sınırlarımız çok dar ve katı ise yeni bilgileri ve deneyimleri bu dar hikâye içinde birleştirmek de zorlaşır. Ben tanımı genişledikçe, inançlar ve kabuller esnetilip daha kucaklayıcı hale getirildikçe; anlayış, kavrayış ve olmayana ergi yeteneklerimizde ciddi bir genişleme görülür.

HİKÂYELERİN GÜCÜ

Akıl, hikâyeyle çalışır. Bu nedenle adına anlam dediğimiz şeyler, nesneler dünyasından edindiğimiz duyusal deneyimlere yakıştırdığımız kişisel hikâyelerdir. Size büyükbabanızdan miras kalan basit bir tahta oyuncak, sizin hayat hikâyenizin önemli bir parçasıyken, bir başkası için sıradan bir eşya olarak anlamlandırılabilir. Bütün hayatı kapsayacak, tüm deneyimlere anlam verecek büyük hikâyeler ise insan aklının en büyük sonuçlarından biridir. **Akletmek yani aklını kullanmak, oturup bir sürü şeyi ezberleyip öğrenmek değildir. Akletmek, öğrendiğimiz deneyimleri anlamlı bir hikâyeye bağlayabilme kapasitesine işaret eder.** Bu tip büyük hikâyeler ise ağırlıklı olarak inançlarımızdan gelir ve aynı zamanda inançlarımızı oluşturur.

Geçtiğimiz sayfalarda üzerinde konuştuğumuz o yapılandırılmış "ben"lerin hepsinin bir hikâyesi vardır. Bu hikâyenin köşe taşlarını, "ben" dediğimiz benliğimizin sınırlarını da oluşturan inanç ve deneyimler oluşturur. Algıladığımız her şeyi o hikâye içinde anlamlandırabiliriz. Ana hikâyemize (temel inançlarımıza) uymayan şeyleri yok sayarız; hatta çoğu zaman onları algılayamayız bile. Kendi içsel hikâyelerimiz, kendine göre bir anlam bütünlüğü içerdiğinden ve bizim için "her şeyin anlamı" demek olduğundan, radikal değişimlere de dirençlidir. O iç hikâyeyi korumak için büyük çaba sarf ederiz. Bu direnci oluşturacak sayısız mekanizmayı, yaşarken otomatik olarak edininiz. "Stazis" denen iç ortam sabitliği ihtiyacının otomatik bir sonucudur bu. Bedenimizin canlılık halini muhafaza edebilmek için nasıl devamlı olarak dağılmaya (entropiye) karşı savaşmak zorundaysak, düşünce ve benlik dünyamızda da devamlı "bozulmaya karşı" bir savaş yürütülür. Zihinsel süzgeçlerimiz ve editörlerimiz 7/24 durmadan mesai yaparlar. O nedenle iç hikâyemizi değiştirebilecek tüm müdahaleler ile her türlü farklı fikir, yaşam tarzı ve bakış açısı çoğumuzu öncelikle rahatsız eder.

Fakat canlılığın korunmasını sağlayan tüm mekanizmaların bir sınırı olduğu gibi, benliği ve iç hikâyenin tutarlılığını koruyabilmenin de sınırları vardır. Bazı müdahaleler ve değişiklikler, bizim baş edemeyeceğimiz kadar güçlü ve etkilidir. Yeni bir kültürün içinde yaşamaya başlama, yeni insanlarla tanışma, travma yaratan bir deneyimler dizisi yaşama, inançlarımıza çok ters bir sürü olaya maruz kalma gibi etkiler çoğu zaman bu tutarlı iç hikâyemizi parçalayabilir.

İç hikâyemiz "hayatın anlamı" dediğimiz o sihirli ihtiyacı da karşıladığı için, anlamın dağılması demek hayatın dağılması demektir. Hikâyemizin sağlam olduğu zamanlarda kendimizi şöyle veya böyle tanımlayıp anlamlandırabiliyorken, hikâyemiz yıkıcı bir etkiyle sarsıldığında hayatımızın anlamını yitirme tehlikesiyle karşı karşıya kalırız. Bu durum bildiğimiz kadarıyla bizden başka hiçbir canlının yaşamadığı bir deneyimdir. Akıl, "bağlama zeminini" yitirdiğinde; tüm hayat, tüm deneyimler, acılar, keyifler ve beraberinde her şey anlamını yitirmeye başlayabilir. Bu anlam kaybı, yaşama çabasını da gereksiz bir enerji kaybı gibi görmeye kadar varabilir. Muhtemelen intihar vakalarının altında yatan ruh hallerinin böyle bir yıkımla yakın ilişkisi vardır. **İnsanı açlık veya çaresizlik değil, anlamsızlık yıkar.** Anlam varsa her zaman çare vardır.

Anlam bulmaya ve içsel bir hikâyeye bu kadar muhtaç bir canlı olduğumuzdan, üzerinde kişisel olarak en fazla çalışılması gereken kısmın burası olduğunu düşünüyorum. Zira anlam dünyamızı belirleyen hikâyeler kümemiz, bize hem her türlü zorluğa dayanma gücünü veren hem de yaşamaya devam etmemiz için temel bir motivasyon sağlayan tek kaynaktır. İç hikâyemiz "ben" sınırlarıyla da sınırlı olduğuna göre "ben"imizi genişletmeye dair her bir deneyim; hayatımızın anlamı, yaşama motivasyonumuz ve bu hayattan alacağımız fayda açısından büyük bir aşamadır. Genişletilebilen ve esnek benlikler, dünyadaki birçok hikâye ve anlamı içine katabilen, genişlemiş ve ferahlamış zihinlerin anahtarlarıdır. Aksi takdirde ilk yetişme çevrelerimizden gelen dar ve sınırlı bir benlik tanımı içinde ısrarla yaşamaya devam etmek, bizi farklı şartlara ve deneyimlere uyum sağlayamayan, direnci ve kırılganlığı yüksek, mutsuz ve tatminsiz bireylere çevirir.

Etrafınızdaki insanlara bir de bu gözle bakın; ne demek istediğimi çok daha kolay anlayacaksınız.

HAYATTA YAPMAM!

"Çin'e gidersem kesin çekirge yiyeceğim." dediğimde garip tepkiler alırım. Henüz gitmedim ve çekirge de yemedim ama gidersem artık şart oldu. Hemen herkesin yüzü bir buruşur bu fikri duyunca. Çünkü çekirge bizim için bir böcektir; hatta (kesinlikle yanlış bir bilgidir ama) pistir. Ve hatta bazısı çekirge gibi şeyleri yemeyi "haram" veya "günah" diye bile kodlamış durumdadır. Halbuki muhtemelen kişinin mensup olduğu dinin kuralları açısından da böyle bir durum yoktur ama "çekirge yemek" denince çoğu zaman akıllar tutulur.

Birçok arkadaşıma "Eğer çok acıksan ve sadece çekirge kızartması olsa?" diye sorduğumda "Hayatta yemem!" cevabını almışımdır. Zira bu kod her nasılsa çoğumuzun içine çok sağlam biçimde yerleştirilmiştir.

GÖRSEL 9: Çekirge kızartması. Nefis gözüküyor! Ama herkese göre değil!

Halbuki Tayvan'da, Meksika'da yahut Çin'de doğup büyümüş olsak; orası bizim ana vatanımız, kültürü de kültürümüz olsa en fazla çekirge yemeyi "sevmeyebilir" yahut "tercih etmeyebilir"dik, o kadar. Çekirge yeme fikrinden bu kadar tiksinme gibi bir seçeneğimiz olmazdı. Çoğumuz cips yer gibi şuursuzca, atıştırmalık olarak bile tüketebilirdik çekirgeleri. Benzer şekilde Japonların denizanası yemelerini, bilmem kimlerin çürümüş yumurta sevmelerini "insanlık dışı sapkınlıklar"mış gibi anlatmayı ve dinlemeyi severiz. Ama oralarda büyüsek biz de o "sapıklardan" olacaktık ve bu işler bize hiç de sapkınlık gibi gelmeyecekti.

İneği kutsal kabul etme, güneşe tapma, yüzlerce mini tanrıya sahip olma gibi inançlar da birçok insana "Abicim bunlar aptal mıdır yahu?" gibi bir hissiyat veriyor olabilir. Normaldir. Birçok ateistin herhangi bir dini inancı aynı şekilde görmesinin yahut dindar birinin bütün ateistleri "aptal" olarak yaftalamasının gayet "normal" olması gibi... Normaldir çünkü bunlar içimizdeki maymunsu ve bilinç dışı zihnimizin "etiketleyip geçme", böylece daha kolay bir hayat sürme reflekslerinin bir neticesidir.

Beynin esas uzmanlığı ekonomidir. Borsa ve emlak fiyatları anlamında söylemiyorum; beynin esas görevlerinden biri, ne kadar karmaşık olursa olsun çeşitli becerileri "ustalaşma" dediğimiz bir süreçle bilinç dışı zihinsel donanıma kazımaktır. Bunu da çok iyi becerir. Mesela otomobil kullanmayı öğrenmek ilk başta pek zor gelir ama biraz ustalaşınca, upuzun yollarda arabanızı kullanırken yanınızdaki kişiyle felsefe konularını tartışabilir veyahut dinleyeceğiniz sesli kitaplardan nice bilgiler öğrenebilirsiniz. Buradaki amaç açıkça bellidir aslında: Bilinciniz gibi "çok yakıt tüketen" sürekli ve odaklı dikkat halinizi, gerçekten gereken durumlarda devreye girmek üzere "bekleme" durumunda tutmak.

Sadece bedensel beceriler değil, düşünce ve karar yolları da bu ekonomi yaklaşımından nasibini bolca alır. O nedenle genelde hep aynı şeyleri yaparsınız; hep benzer şeyleri sever, başka birtakım şeylerden de çok düşünmeden nefret edersiniz mesela. Bunların hepsi ekonomik amaçlarla yapılır. Her şey bizim kafa konforumuz içindir.

Bu ekonominin bize neler ettiğini fark etmeyiz çoğu zaman. Ön yargılar buradan gelir. Kararlarımızı neredeyse hep bu devreler yönlendirir. Duyarlı bir insan olmak için yaptığımız birçok eylemin "öyle belletilmiş yahut otomatik kışkırtılmış" davranışlardan oluştuğunu fark edemeyiz. Bilinçsiz sloganların peşinde "aklımızla nice bahaneler üreterek" bir ömür tüketebiliriz. Hele ki enformasyonun zihnimizin dibine dibine saniyede milyon tane minik roketle saldırdığı bu devirde, bu otomatik pilot devreleriyle adeta uzaktan kumanda edilebilen kuklalara dönüşebiliriz. Ve "bu işi bilen" stratejik kişi ve kurumlar sayesinde, dönüşüyoruz da çoğu zaman... Ama işin güzel tarafı hâlâ "kontrolün bizde olduğundan" zerre şüphemiz olmuyor.

Çaresi belli: Kafa konforunuzu bozun. Tamam, gidip çekirge yemeyin belki ama mesela kokorece veya kelle paçaya bu kadar ön yargılı olmayın. Sizin gibi insanların, yani Homo sapiens türüne mensup canlıların bunları yapabildiğini unutmayın. Daha evvel de söyledim; beden konforu bizi öldürür, kafa konforu da ruhumuzu çürütür. Öfkenizin, saplantılı sevgi ve bağlılığınızın, alışkanlık ve kırmızı çizgilerinizin çoğunun "birileri veya bir şeyler" tarafından size yerleştirildiğini, bunları değiştirebileceğinizi sık sık hatırlayın. Ve deneyin... Neticede ben inşallah o çekirgeleri yiyeceğim. Belki boyum uzamayacak, belki başım göğe ermeyecek, belki bağırsaklarım bozulacak. Ama neticede ölmeden evvel "keşke yapsaydım" diyeceğim işlerin listesini bir madde daha kısaltabilmiş olmanın huzurunu yaşayacağım.

BEN'İNİ GENİŞLETMEK, KENDİNİ DÖNÜŞTÜRMEK

Verili benliğimizin içine hapsolmuş bir yaşam, bir süre konforlu gelse de bir süre sonra sıklıkla insanı sıkıştıran ve tatmin duygusunu azaltan bir cendereye dönüşebilir. Bu cendereyi kırmanın birkaç yolu var: Kendini bedensel hazlara vurmak, tehlikeli ve riskli girişimlere yönelmek, toplumdan tecrit olmak, isyan etmek yahut kendini bambaşka bir insan yapmanın yollarını araştırmaya koyulmak. Saydıklarım ve daha burada sayamadığım seçeneklerin çoğu, sadece geçici bir rahatlama yahut kurtuluş yanılsaması sağlarken, en sonda zikredilen kendini dönüştürme çabası her zaman büyük ödüllere gebe bir maceradır.

Kendindeki eksiği ve darlığı fark edip tamamlanma ve genişleme yolunda çalışmak, çok insana pek zor, gereksiz, imkânsız veya boş gelen bir uğraştır. Bu tip yok saymalar az evvel bahsettiğim "ben"in ve öznel hikâyemizin kendini koruma reflekslerinin bir parçasıdır. Hayatın anlamı sadece yaşadığımız hayattan ve kendi hazır hikâyemizden ibaretse, bunu kaybetmeyi göze alamayız. Zira bu temel anlamın kaybı, insan için neredeyse biyolojik hayatın kaybına denk bir travmadır. Öte yandan, eksikliği ve sıkışmışlığı fark eden insan için artık benlik ve zan sınırlarının dışındaki dünya gittikçe daha cazip ve daha umut verici bir "cennet habercisi" olarak algılanmaya başlanır. "Ben" sınırlarımızın dışında kalan o bilinmez evreni keşfetmenin yolu, bir soru ve bir kelimeden geçer.

EN GÜÇLÜ SORU: NEREDEN BİLİYORUM?

"Olmaz öyle şey!"

Bu ve buna benzer sözleri en son ne zaman duydunuz? Çok olmamıştır sanırım. Yahut siz en son ne zaman buna benzer kesin bir cümle kullandınız? Bunları çokça kullanırız ama daha da fenası, söylediğimizden çok daha fazla olarak aklımızdan geçiririz. Hayatımıza, olaylara, önerilere, fikirlere karşı ürettiğimiz tepkilerin önemli bir kısmı bu tip reddiyelerden oluşur. Çoğu zaman bir şeyleri kestirip atarız bu tip yargılar sayesinde. Uğraşmamıza gerek kalmaz; kıymetli yaşam enerjimizden tasarruf eder, işimize bakabiliriz. Elbette kestirip attığımız, reddettiğimiz, kabul etmeye hatta dinlemeye bile yanaşmadığımız konularda neler "kaybedebileceğimizi" de genellikle hiç bilemeyiz. Bilsek, kesinlikle söyleyebilirim ki böyle kestirip atamazdık.

Birçok konuda kesin inançlarımız ve yargılarımız vardır. Bunların çoğu ailemizden veya diğer insanlardan öğrendiğimiz, genellikle hiç tahkik etmeden taklit ederek yerleştirdiğimiz benlik parçalarımız, zihinsel kabullerimiz ve "ben"imizin taşıyıcı kolonlarıdır. Zihinsel refleks tepkilerimizin çoğu bunları korumaya adanmıştır. Kendi öznel hikâyemizi ve inançlarımızı destekleyen her şeyi can kulağıyla dinler ve kendi kendimizi teyit etmenin keyfini sonuna kadar sürerken, zıt bakış açılarına o denli mesafeli ve hatta tepkiliyizdir. Zıt ve farklı bakış açılarının ifade ettiği alternatif gerçeklik önerileri "bizim için geçerli değildir" zira "gerçekler aslında hiç de öyle değildir". Gerçeği "ben bilirim" derecesinde bir kesinlikle bildiğimizi düşünürüz. Filozof yahut derinlemesine düşünme ve sorgulama alışkanlığına sahip biri değilsek bu gayet doğal bir tepkidir.[28] "Ben biliyorum." demek bizi güvende tutar;

---

28 Düşünür ve filozofların çoğu her açıdan; özellikle diğer insanlarla ilişkiler ve kendi hayatlarını verimli, doğru yaşama konularında pek de kâmil insanlar değildirler. Bunun en önemli nedeni, onların düşünme konularının kendile-

şüpheden ve rahatsızlıktan korur. Bildiğimiz alanda kalmak rahatlatıcı, yabancı topraklara adım atmak rahatsızlık vericidir. Sonucunda da bu tip reddiyeler doğal olarak ortaya çıkar.

Böyle tepkiler çoğu zaman günde yüzlercesini bilmeden söylediğimiz yahut düşündüğümüz, zihinsel ve bilinçsiz reflekslerden ibarettir. Refleks, adı üstünde, bilinçli kontrolümüz dışında verdiğimiz tepkilerdir ve bunları planlayarak yapmayız. Ama sanıldığının aksine, reflekslerimizi kontrol etmek mümkündür. Bir örnek vereyim: Yürümemiz refleks kalıplara dayanan bir hareket örüntüsüdür; adımlarımızı pek düşünmeden atarız. Fakat eğer önümüzde bir basamak varsa oraya doğru adım atarken kaslarımız farklı çalışır. Beyinciğimiz ve beynimizin hareket üretme sistemi, bir an sonra ayağımızı basacağımız basamağa dair görme sisteminden gelen bilgileri alır ve bir sonrasında gerçekleşecek adım atma sürecinde iş görecek tüm kaslara gidecek emirleri ona göre hazırlar. Böylece biz basamağa doğru attığımız adımda, normal adımımızdan daha farklı bir kas kasılma örüntüsü uygularız. Nihayetinde basamakları da sorunsuz bir şekilde çıkmaya başlarız. Ama ortalık karanlıksa ve önümüzde de bir basamak olduğunu düşünüyorsak adımlarımızı ona göre ayarladığımız zaman eğer basamak yoksa düşme tehlikesi geçiririz. Çünkü basamağa çıkarken uyguladığımız hareket örüntüsüyle düz zeminde yürüme örüntüsü aslında birbirinden çok farklıdır.

Kısacası beynimiz, gelecek hareketin nasıl yapılması gerektiğine dair bir tahmin yürüterek olası denge bozukluklarını ortadan kaldırmak için bir ön ayarlamalar dizisini devreye sokar. Bu tip reflekslere fizyolojide "ileri bildirimli" (feed-forward) refleksler deriz. Önlemler, hareket veya uyaran olmadan önce gerçekleştirilir. (Yemek kokusu duyunca ağzımızın sulanması da böyledir.) Her durumda aynı refleksleri makine gibi tekrar edecek olsaydık aşikâr ki ilk merdiven maceramız hastanede bitebilirdi. Bu "duruma göre uyarlanabilirlik" tüm reflekslerimizi her durumda işe

---

rinden ziyade kafaya taktıkları özel felsefî sorunlar olmasıdır. O konularda muhtemelen herkesten çok daha derinlikli bir kavrayışa sahipken, kendi yaşam ve ilişkilerinde buna tam zıt olarak ileri düzeyde cahil, bağnaz ve ketum olabilirler.

yarar hale getiren önemli bir beceridir. Yani gelecekteki bir refleks hareketin hayata nasıl geçirileceğini "önceden" ayarlayabiliriz.

Düşünme ve tepki verme reflekslerimiz de bu kuralın dışında değildir. Eğer önceden hazırlık yaparsak gösterdiğimiz reflekslerin çok farklı şekillerde ortaya çıktığına şahitlik edebiliriz. "Ben biliyorum." zannımızdan kaynaklanan refleksleri dönüştürmenin en etkin yolu ise özellikle kendi kendimize düşünürken "Nereden biliyorum?" sorusunu sıklıkla sormaktır.

Basit görünen "Nereden biliyorum?" sorusu, son derece yıkıcı etkileri olabilen cevaplara gebedir. Bu dünyada en iyi bildiğinizi düşündüğünüz, doğruluğundan emin olduğunuz, olmazsa olmazlarım diye sınıflandırdığınız bilgilerinizi bu soruyla sınadığınızda rahatsız edici sonuçlara ulaşabilirsiniz.

Şimdi, doğruluğundan kesin emin olduğunuz beş tane cümleyi alt alta yazın. Bunlar mesela "Annem beni sever (veya sevmez)." yahut "Allah'a inanıyorum (veya inanmıyorum)." gibi cümleler olabilir. Tek ortak yanları, sizin şahsen kesinliğinden emin olduğunuz cümleler olması. Bitirdikten sonra bunların hepsini "Nereden biliyorum?" testine tâbi tutun. Kendi kendinize ve olabildiğince dürüst olmaya çalışarak bunu yaparsanız bazı çıkmazlara girdiğinizi fark edebilirsiniz. Zira bu tip "inançlarımız" ve "bilgilerimiz" aslında veri veya doğrudan deneyimlerden ziyade ezber yahut zanlara dayanır; sadece öyle olması gerektiğini düşünür ve öyle olduğuna zaman içinde emin oluruz.

İnsanlarla ilişkilerimizde de aynı meseleyi görebiliriz. Başkalarının birkaç davranışına, hatta giyim kuşam veya konuşma biçimlerine bakarak onlar hakkında genelleyici hükümlere varmak, adeta doğamızda vardır. Herhangi bir kişi hakkındaki düşüncelerinizi biraz irdeleyip, vardığınız sonuçları "nereden bildiğinizi" inceleyecek olursanız çoğu zaman aslında bu sonuca ulaşmak için hiç de yeterli verinizin olmadığını fark edebilirsiniz. Telaşlanmayın, bu hepimizin başındaki dertlerden biridir.

Yaşamımızı etkileyen büyük inanç, prensip, hedef ve hayallerimize de "Nereden biliyorum?" testi uygulayabiliriz. Öyle olması gerektiğini düşündüğümüz birçok şeyin "neden öyle olması gerektiğini" aslında bilmeyiz. Bunlar da öyle olması gerektiğini düşündüğümüz için olsun istediğimiz şeylerdir.

"Nereden biliyorum?" testi her zaman bildiklerimizi değiştirmez. Çoğu zaman doğru olduğundan emin olduğumuz birçok şey gerçekten de doğru olabilir. Fakat "Nereden biliyorum?" sorusunu hiç sormadıysanız, o "bildikleriniz", doğru bile olsa sizin bilgileriniz olmaz. İçselleşmez. "Sorgulanmamış bir hayat yaşamaya değmezdir." sözü bir yönden bu gerçeğe işaret eder. Sorgulanmamış doğrular, yanlışlar, inançlar ve prensiplerle yönetilen bir hayat, siz yaşasanız bile size ait değildir.

EN CESUR İTİRAF: "BİLMİYORUM."

Okulda öğretmenler bizi aniden sözlüye çağırdığında sorulan soruları bilmek zorundaydık. Çocuğumuz bize soru sorduğunda ona cevap vermek zorundayız. Toplum içinde bize sorulan her şeye cevap vermek, bilgiçliğimizin bir göstergesi ve koruma kalkanımızdır. Bizim ülkede sorduğunuz herhangi bir soruya "bilmiyorum" yanıtı almanız çok zordur. Ayıp sayarız "bilmiyorum" demeyi. Anne babamız, öğretmenlerimiz, devlet yöneticilerimiz, âmirlerimiz, emniyet güçlerimiz, üstlerimiz bizim için neyin iyi olduğunu; en iyi kararı nasıl alacaklarını hep bilirler. Biz de astlarımıza, çocuklarımıza, çalışanlarımıza, öğrencilerimize, tâbiiyetimizdekilere ve bize akıl danışanlara "bilmiyorum" diyemeyiz. Karizmamız çizilir, saygınlığımız zedelenir. Herkes gereken her şeyi bilir. Bilmiyorum denmez; bilmiyorsan bile bilir gibi yapman gerekir. Birinin *bilmiyorum* demesini, onu aşağılama ya da hafife alma vesilesi yapan ve maalesef pek de seyrek görmediğimiz bir davranış kalıbı, bunda pek etkilidir. *Bilmiyorum* demesi tüm hayat evreleri boyunca adeta yasaklanmış olan kimi insanlar, *bilmiyorum* diye(bile)nlerle dalga geçerek, aslında bilinç dışlarında kendi halleri ile dalga geçerler.

Görgülü ve bilge insanların, karşısındaki kişinin bilmiyorum demesini bir anlatma ve yol gösterme fırsatı olarak gayet hoş karşıladığına şahit oluruz. Fakat ham kişilikler, karşısındakinin *bilmiyorum* demesinden kendilerine paye çıkarabilmeye çalışmaktan geri duramazlar. Reşit olmayan insanların hâkim olduğu topluluklarda o nedenle herkes her şeyi biliyor gibi yapar. Zira bu davranış öyle vasatlarda neredeyse zorunludur. Böyle bakınca, aslında toplumsal refleksler açısından "*bilmiyorum*" diyebilmek, çoğu kez ciddi bir cesaret işidir!

Halbuki bilmediğimiz konularda tereddütsüz "*bilmiyorum*" diyebilmek müthiş bir meziyettir ve görünen o ki pek az sayıda insanda bulunur. Tevazuun anahtarı "*bilmiyorum*" kelimesinde gizlidir. Bilmiyorum diyebilmek, öğrenmenin kapılarını sonuna kadar açar. Bilmiyorum diyebilen aynı zamanda "*bilmek istiyorum*" diyebilendir. **"Biliyorum" dediğinizde artık öğrenecek bir şeyiniz de yok demektir.** *Biliyorum* demek, öğrenme fırsatlarını elinin tersiyle itmek demektir. "En doğrusunu ben bilirim." diye düşünmek ahmaklığın açık bir işaretiyken, "Bildiğim tek şey hiçbir şey bilmediğimdir." diyebilmek (Socrates), bu nedenle bilgeliğin zirvelerini temsil eder.

Hiçbir şey bilmiyoruz. Bilim insanları, çalıştıkları konular hakkında çok bilgili gözükür ama konularında yeterince derinleşmiş insanlar, bilmedikleri şeylerin çokluğunu açıkça itiraf etmekten kaçınmazlar. Dunning-Kruger etkisi olarak da bilinen "cehaletin çokbilmişliği" etkisi, dünya çapında pek yaygın olan bir davranış kalıbı hatta adeta bir kuraldır.

2017 yılında AçıkBeyin'de başlattığımız "bilmiyorum" kampanyamız, ülkemizde ve dünyada bu konuya dikkat çekmek amacını güden bir hatırlatma çabasıydı. O kampanya için çektiğimiz bir videoda "bilmiyorum" diyebilmekle ilgili şu sözleri söylemiştim:

> Ben bir biyolog, tıbbî fizyolog ve sinirbilim uzmanıyım. Tüm bunlara rağmen birçok şeyi bilmiyorum.
>
> Mesela "aklım" nerede, bilmiyorum...
>
> Bilincim var mı? Varsa neden var, nasıl bir şey? Beynimin ya da bedenimin neresinde, bilmiyorum...
>
> Canlıyım sanırım ama canlılık nedir, bilmiyorum. Tarifini bile yapamıyorum...

> 3,5 milyar yıl evvel bu cansız dünyada canlılık denen mucize neden ortaya çıktı, bilmiyorum...
>
> Bu kadar yıldız, bunca gökada, o devasa galaksi kümeleri, bu koskoca evren neden var, bilmiyorum...
>
> Hepsi bu mu ya da sonsuz sayıda başka evrenler de var mı, bilmiyorum...
>
> Her şeyden öte "dış dünya" yahut "şu koca evren" dediğim şeyin aslında kafamın içindeki kişisel bir yanılsamadan ibaret olduğunu biliyorum. Ama hakikatte bunların aslı nedir, gerçekte bunlar var mıdır, yok mudur, bilmiyorum...
>
> Hatta... Acaba "ben" gerçekten var mıyım? Vallahi onu da bilmiyorum...
>
> Belki bildiğim çok şey var ama aslında birçok şeyi de bilmiyorum...
>
> Bu nedenle soruyor, öğreniyor, anlatıyor ve daha çok bilmeye gayret ediyorum...
>
> Bilmiyorum ve bilmediğini bilenlerle buluşmayı, onlarla hasbihâl etmeyi çok seviyorum.
>
> Çok şükür ki bilmiyorum. Bilmediğim için son nefesime kadar sohbete, muhabbete, hayret etmeye ve öğrenmeye devam edeceğim.

Üniversitede en çok saygı duyduğumuz hocalarımız, bazı zorlu sorularımıza "*bilmiyorum, bir araştıralım*" diyebilen hocalardı. Çocuğuna en büyük bilgelik yolunu açabilen anne babalar, onların sorularının cevaplarını bilmediklerinde "bilmiyorum" diyebilen ve birlikte araştırıp cevabı keşfetmenin hazzını çocuklarına yaşatabilenlerdir. Çırağına en faydalı usta, her şeyi bilen değil; çıraklarından da öğrenebilen, bilmediğini onlarla keşfedebilen ustadır. **Gerçek öğretici, bildiğini öğrettiği kadar, nasıl öğrenebildiğini de öğretebilen, bunu bizzat gösterebilen kişidir.** Eğitimin iyisi, bilgileri öğreten değil, bilmediğini fark ettirip öğrenme açlığı oluşturabilen eğitimdir.

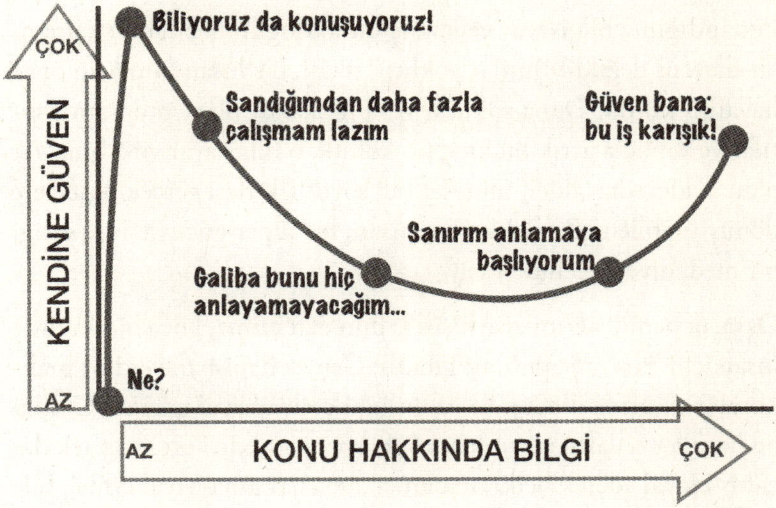

GÖRSEL 10: Hepimiz için geçerli olan ve insan psikolojisinin temel yanılsamalarından biri kabul edilen Dunning-Kruger etkisinin şematik gösterimi (*J. Kruger, D. Dunning (1999) Journal of Personality and Social Psychology, 77(6), Sayfa: 1121-1134*). Bir insanın belli bir konudaki bilgi ve görgüsü ne kadar azsa, o konuda görüş beyan ederken o kadar kendine güvenli davranır. Konu hakkında bilgi arttıkça, tereddüt ve ölçüp biçmeden konuşmama ihtiyacı da yükselir. Kendi bildiklerimiz üzerinde "Nereden biliyorum?" testini yaptıkça, içimizde bir yerlerde Dunning-Kruger etkisinin adeta hükümdar olduğunu fark edebiliriz.

Toparlarsak bu bölümdeki konumuz, benliğimizi genişletmek ve bize doğal olarak çizilmiş zihinsel-fiziksel sınırları aşmaktı. Bu sınırların en büyük koruyucuları "biliyorum" zannettiğimiz şeylerdir. Bunlara "bilmiyorum" balyozuyla korkusuzca vurmayı alışkanlık haline getirince, ruhumuzu saran ve bizi daraltan zincirlerimiz birer birer kırılacaktır.

HAYALLER VE GERÇEKLER

İnsana bahşedilmiş en büyük güçlerin başında "olmayan bir geleceği hayal edip onu inşa edebilme" kapasitesi gelir. Eğer insanda "Tanrı'nın nefesiyle üflenen bir töz" olduğuna inananlardansanız, işte bu yetenek tam da o anlatıdaki imaya yakıştırılabilecek kadar doğaüstüdür. Elinizde tuttuğunuz kitap, oturduğunuz koltuk, kullandığınız bilgisayar ve içinde bulunduğunuz bina bir zamanlar mevcut değildi. Bunlar yokken, birisi, bir insan bunların önce hayalini kurdu. Daha sonra o veya başkaları plan, program yaptılar ve sonuçta artık bu kitap, o koltuk, o bilgisayar ve o bina var oldu. Sadece hayalden müteşekkil, soyut fikirleri gerçek nesnelere dönüştürebilen tek varlık olan insan, bu süper gücüyle inşa ettiği bir medeniyetin içinde yaşıyor.

Daracık benlik algımız ve kişisel zihin evrenimiz, koca bir ömürde insan için dar bir hapishane gibidir. Gerçek hapishanelerdeki mahkumlar dışarıda olmayı ve özgürlüğü çokça hayal ederler. Çünkü bu hayaller onların sıkıştıkları o dar ve tecrit edici ortamın tek ilacıdır. Hayal ederek belki oradan çıkamazlar ama hayal etmek bile çoğu insanı bazen zihinsel olarak da olsa bulunduğu ortamdan bambaşka diyarlara taşıyabilir. Mahkumların sadece hayal ederek kurtulamadıkları gibi, kendi "ben"leri içine sıkı sıkıya mahkum olanlar da bundan öylece kurtulamazlar. O nedenle kurtuluşu olmayan mahkumlar, hayal etmeyi sakıncalı bulurlar. Oscar ödüllü Shawshank Redemption filminde, Morgan Freeman'ın oynadığı Red adlı karakter, diğer mahkumlara umut dağıtan Andy'ye (Tim Robins) "hapishanedeki en tehlikeli şeyin umut olduğunu" söyler. Haklıdır da! Çünkü oradan çıkma şansınız yoksa boş umutlar sizi tüketebilir. Kendi benliği içine sıkışmış insanlar için de aynı şeyi düşünürüm hep: O daracık "ben" tanımından çıkış yolunu bilmedikleri için hayal ve umut etmeyi bırakırlar. **Onlar artık sadece hayattadırlar. Fakat hayatlarını yaşayamazlar...**

Hayallerimiz, "ben" algımızla yakından ilgilidir. Benliğimizin temel evsafı ile uyuşmayan fikir ve hayalleri zihnimizden hızla kovalarız. Çünkü böyle hayaller, anlam zeminimiz olan "ben" algımızı zedeleme potansiyeli taşırlar. Zamanla hayallerimiz sadece o dar "ben" cenderesinin içine sıkışır kalır. Zihnen fukara bir kişiye piyangodan büyük ikramiyeyi kazanırsa ne yapacağını sorsak belki de "bir kamyon soğan alıp cücüklerini yemeyi" hayal edebilir ancak. Çünkü onun zihnindeki çerçeve ancak oraya kadar uzanabilmiştir. Fırsatlar ise hazırlıklı zihinlere görünür. Sadece kendi "daralmış" bakış açılarıyla bakabilen bir zihnin, gözlerinin önündeki nice dünyaları göremeyeceği açıktır.

Hayal kurmak, çocukluk döneminin neredeyse tam zamanlı mesai konusu iken, sonra kaybettiğimiz bir beceridir. Sebebi ise çocukluk çağlarımızdan itibaren "ben" dediğimiz yapılandırılmış benliğin oluşmaya ve sınırlarının da netleşmeye başlamasıdır. Son bir gayretle çoğumuzun ergenlik ve gençlik dönemlerinde sarıldığı çılgın hayaller "hayat şartları" tarafından elimizden alınınca, artık bize de Shawshank hapishanesindeki mahkumlar gibi elimizdekiyle idare etmek ve kaderimize boyun eğmek kalır. Halbuki sınırlarımızın çapını belirleyen şey aslında azmimiz, hayallerimiz ve gayretimizdir.

Şu anda bu metni "kim olarak" okuduğunuzu bilmiyorum. Ama buraya kadar okuduğunuz şeyler size "uçuk, imkânsız, şımarıkça, saçma veya zırva" geliyorsa, haklısınız. Haklısınız çünkü kendi şartlarınız ve zanlarınız içine iyice sıkışmış olmalısınız. Eğer burada anlatılanlar sizi cesaretlendiriyor, düşündürüyor ve hepsinden önemlisi "mümkün gözüküyor"sa siz zaten ben'ini genişletmeye çoktan başlamış bir insansınız. Gazanız mübarek olsun!

DEĞİŞİMİN ANAHTARI: NİYET-GAYRET-CESARET[29]

Özgür irademizin var olup olmadığı tartışması yüzyıllardır sürer gider. En son sinirbilim bulguları da bize özgür iradenin varlığı hakkında pek bir bilgi veya kanıt vermiyor. "Kanıtın yokluğu yokluğun kanıtı değildir." (Carl Sagan) prensibi uyarınca bu ko-

---

29 Bu bölümdeki terminoloji ve kelime seçimi nedeniyle Türkiye'deki bazı okurlarımın rahatsızlık hissedebileceğini tahmin ediyorum. Zira bazılarımız için bu tip kelimeler pek hoş karşılanmayan bir kültürün hatırlatıcıları olarak algılanabiliyor. Hele ki Neo-Osmanlıcılık gibi karikatürize bir dalganın ara sıra yükselişe geçtiği günümüzde bu rahatsızlığı daha kolay anlayabiliyorum. Bunun farkındayım ama bu seçimi "gıcıklık olsun" yahut "birileri daha kolay okusun" diye yapmadım. Bu kelimeler, tarihsel anlam bulutları ve etimolojik kökenleri ile anlatmak istediğim "insanî gelişim basamakları"na dair büyük katkı yapıyorlar. Bu tip "eski" kelimelerin kullanımından rahatsız olan dostların, bu fırsatı "ben"lerini genişletmek için kullanabilmelerini dilerim. Bize ters gelen şeylerin, "sanal benliğimizi oluşturan inançlarımız" tarafından oluşturulduğunu unutmayalım. Zira burada işimiz "ben"imizi genişletmek.

nuda net bir şey söylemek hâlâ mümkün değil. Zira gerek bedenimizle yaptığımız hareketler gerekse zihnimizdeki karar ve düşünceler büyük oranda bilinç dışı ve bildiğimiz etki tepki yasasına göre veriliyor gibi görünüyor. Öte yandan, kuantum fiziği ile nörobilim alanı arasında kalan sınırlarda araştırmalar yapan bazı tuhaf fikirli araştırıcılar, insanların "niyet"lerinin kuantum olaylarını saptırdığına ve bilincin fizikî dünyaya doğrudan etkilerine dair deneysel kanıtlar da sunuyorlar.[30] Konumuz itibariyle bu mevzuların derinliğine girmeyeceğiz ama irademizin, ölçümü son derece zor olan "mikro" düzeylerde etki edebilen "cüz'i" bir güç olduğunu düşünmek için hâlâ yeterli nedenimiz var. Bu cüz'i alan, ancak "niyet"imizi iradeyle seçebileceğimizi ama bundan sonra gelecek her türlü davranış ve sonucun önceden belirlenmiş kurallar çerçevesinde determinist ve irademiz dışında olarak gerçekleşeceğini önerir. (Mesela ben bu kitaptaki ana fikirleri anlar, kitap yazarak anlatmaya iradî olarak niyet ederim. Ama yazma işinin aşamaları benim irademle olmaz. Yani bütün bunlar "sistem" tarafından "bana yazdırılır". Ben sadece niyetimden sorumluyumdur.[31]) İrade, nerede olursa olsun hayatımızı değiştirmemiz için gereken en önemli başlangıç noktası olur. Eğer yoksa zaten burada yazılanları tartışmanın bir anlamı olmayacak.

Niyet[32]**:** Her şey niyetle başlar. Tüm değişim, devrim ve dönüşüm hamlelerinin ilk tohumu niyettir. Niyetler, bir tohumun ağacı içinde taşıması gibi tüm sonuçları potansiyel olarak içinde taşırlar. Niyet sadece dille yapılan bir faaliyet de değildir. **Bir şeye niyet etmek; ruhunuzun onu istemesi, tüm varlığınızın o niyete yönelmesi anlamına gelir yahut gelmelidir.** Niyet, ihtiyaçtan doğar; bir eksikliği tamamlamaya yöneliktir. Eksik olduğu bilincine varma, doğru ve gerçek bir eksikliği tespit ede-

---

30 Radin, Dean; Michel, Leena; Delorme, Arnaud. (2016) Psychophysical modulation of fringe visibility in a distant double-slit optical system. Physics Essays Publication, 29(1), 14-22(9).

31 Tabii ki kitabı yazarken de ciddi ve hacimli bir şey yazmakla baştan savma bir iş çıkarmak arasında niyetim neyse, ona göre bir iş ortaya çıkacaktır. Yani sadece sonuca değil, yolun nasıl gidileceğine dair de niyetler söz konusudur.

32 Niyet, Arapça "planlama-tasarlama" anlamına gelen "niyya" kelimesinden türetilmiştir.

bilme, yüksek bir kişisel farkındalık gerektirir. Kendini dinlemeye, kendi üzerinde çalışmaya fırsat bulamayan insan, ithal ve ezber eksikliklerin peşinde ömür tüketebilir. Çoğumuz bu nedenle para, makam, kariyer, güzellik, fiziksel zindelik ve güç gibi "eksiklikler"in peşinde koşmaya ömrümüzü harcayabiliriz. Bu ezbere eksikleri tamamlama tantanasından kafamızı çevirip gerçek ihtiyaç ve eksikliklerimizi göremeyebiliriz. Halbuki, benzersiz terkibimizin gitmesi, dönüşmesi gereken bize has bir hedef muhakkak vardır. Bu özel ve yegâne yolculuğun başlayabilmesi; kişinin benliğindeki gerçek gelişim ihtiyacına dokunabilmesi, onu anlayabilmesi ile mümkündür. Yapıcı ve geliştirici niyetler çoğu zaman bu iç hesaplaşmalardan ve murakabelerden gelir. Böyle müşahhas (kişiye has) niyetler, değişim yolculuğunu başlatan işaret fişekleridir. Bir değişim ve dönüşüme niyet etmişsek onun ihtiyacı artık vazgeçilmez hale gelmiş demektir. İhtiyaç ve eksiklik hissi yoksa niyet de yoktur. İhtiyaç duymak için de "eksik" olanın, "bilinmeyen"in, içimizde olmasına rağmen dışarıda kalanın arzusu, iştahı, hasreti gerekir. Kendi sınırlarını keşif çabaları, sınırların dışındaki ihtimallere ihtiyaç, açlık, arzu ve özlem duymayı getirir. Eğer bu başlarsa niyet ve hareket de peşinden gelecektir.

Gayret[33]: Sadece niyet, faydasız ve etkisizdir. Zaten eyleme dönüşmeyen niyet, muhtemelen sadece "istek"tir. Zira niyet, bizzat harekete geçirici bir güç sağlar. Niyetimizin hedefi ne kadar uzak, ne kadar imkân dışı görünürse görünsün niyet bir kez somutlaştı mı insanı harekete geçirir. Başarısız olacağı bilinse bile tüm denemeler, bıkmadan usanmadan tekrarlanır. Önemli olan o hedefe varmak değil, niyetin gereğini yapmaktır çünkü. Faydasız da görünse denemeye devam etmenin, şartları "niyet"e göre zorlamanın adı "gayret"tir. Gayret olmadan sonuca gidilemez.

Hedefe giden tüm yolculuklar tek bir adımla başlar. Hedef ne kadar büyük, niyet ne kadar kuvvetli, arzu ne kadar canlı ise gayret de o derece inatçı, o derece devamlı olur. Gayret; spor yaparken

33 Gayret, Arapça "hırs, kıskançlık ve sahiplenme" gibi anlamlara gelen "ğayra" kökünden türetilmiştir.

kaslarımızın gelişmesi gibi, niyetimizi gerçekleştirme yolunda ihtiyaç duyacağımız zihinsel devrelerin gelişimi ve güçlenmesi için gereklidir. Gayret olmadan, denemeler yapmadan niyeti gerçekleştirecek zihinsel kaynakları güçlendirme ihtimali pek azdır.

Pek hafif bir ağırlığı tekrar tekrar, aylar boyu her gün kaldırıp indirerek kaslarımızı şişirebilmemiz gibi, küçük gayretlerle "yapabilme" ihtimalimizi ve yetkinliğimizi zamanla kaçınılmaz bir şekilde arttırırız. Günümüzde "deha"lığa atfedilen birçok başarı aslında takıntılı gayret döngülerinin meyvesidir. Gayret, ilk başta zor gelebilecek davranış ve becerilerin zamanla tabiatımızın doğal bir parçası olmasını sağlar. Gayrette sebat, dönüşümün en temel anahtarıdır.

Cesaret[34]**:** Gayretle atılan her bir adım, yapabileceklerimizin sınırlarını da genişletir. İçimizde bir yerlerde hep yapmak istediğimiz ama zanlarımız, kabullerimiz, inançlarımız ve korkularımız nedeniyle bir türlü adım atamadığımız yönlere doğru harekete geçme arzumuz gittikçe güçlenir. İşte bu arzunun harekete dönüşmesi sadece insana has bir duygu olan "cesaret"in devreye girmesi ile mümkün olur. Cesaret korkusuzca hareket etmek değil, korkuyor olmamıza rağmen bir hedefin üzerine gidebilme kararlılığıdır. Korkuyla birlikte harekete geçme; o korkuya neden olan nesne veya durumun aşılması halinde elde edilecek olan avantajın, hedefe varmak için o engeli aşma gerekliliğinin farkında olmayı gerektirir. Hayvanlar, insanlar gibi cesaret gösteremez; onlar korktukları şeyin üzerine gitme yeteneğine sahip değildirler. Bir kediyi kaçamayacak şekilde köşeye sıkıştırdığınızda üzerinize atlayıvermesi cesaretten değil, aşırı sempatik sistem faaliyetine bağlı savaş-kaç tepkisinden dolayıdır. (Detaylar için *İFA-2. Kitap: İlişkiler ve Stres* başlıklı ciltteki "Düşük Stres" bölümüne bakınız.) Bu tip tepkiler, "ya hep ya hiç" noktasına gelmiş, hayatta kalmak için başka çaresi kalmamış canlıların işidir. Cesaret ise normalde yapmasak da hayatta kalabileceğimiz, yapmak zorunda olmadığımız, başka alternatifler arasından riskli, sonucu belirsiz, bizim

---

34 Cesaret, Arapça "vadiyi veya nehri geçmek, aşmak, atılım yapmak, atak olmak" anlamındaki "casara" kökünden türetilmiştir.

için rahat ve huzur bozucu bir girişime adım atma kararını verebilmemizi sağlar.

Cesareti Geliştirmek Mümkün mü?

Beynimizde cesaret denen insana has dürtünün nasıl oluştuğuna dair son yıllarda ilginç bilgilere ulaşıldı. Stanford Üniversitesi sinirbilimcilerinden Andrew D. Huberman ve ekibinin hayvanlarda yaptıkları çalışmalardan elde ettikleri bulgular, insanın cesaret davranışına dair ilginç çıkarımlar yapmamızı sağlıyor. Laboratuvar hayvanlarının bizimkine çok benzeyen ama çok daha sade bir organizasyona sahip beyinlerinde, adına "cesaret anahtarı" diyebileceğimiz bir yer keşfedildi. Beynimizin *talamus* adlı merkezî bölümünün küçük bir parçası olan bu kısım, hayvanın (ve tabii aynı şekilde insanların) etrafından aldığı verilerin beynin hangi bölgesine gönderileceğine "karar veren" bir sistemin merkezini oluşturuyor. Bu merkezin görevi, gelen verileri iki ana rotadan birine yönlendirmek. Eğer gelen veriler "korkutucu ve hayatı tehdit edici" bir tablo çiziyorsa, veriler bu talamus istasyonundan *amigdala* denen stres tetikleme merkezine yönlendiriliyor ve hayvanın nihai tepkisi, donakalma yahut saldırıya geçme gibi korku-panik davranışları oluyor.[35] Fakat eğer bu istasyon, verileri amigdalaya değil de beynin ön kısımlarına gönderirse bu sefer "tehlikeye rağmen" harekete geçebilme davranışı yani "cesarete benzer" bir davranış örüntüsü görüyoruz.

"Hayvanlarda cesaret benzeri..." dememizin nedeni ise şu: Hayvanlar genellikle bu devreyi ödül/risk değerlendirmesi bağlamında kullanıyorlar. Yani diyelim ki karnı aç ve yiyeceğe giden yolda bir tehlike var. Eğer açlık çok, tehlike de düşükse sistem harekete geçme kararı veriyor. Fakat açlık yeterince ikna edici düzeyde değil ve tehlike de gereğinden fazla büyükse tepki tersine dönüyor ve hayvan kendini korumak adına ödülü terk etmeyi tercih ediyor. Elbette bu oldukça anlaşılır ve işe yarar bir tepki.

35 Salay, L.D.; Ishiko, N.; Huberman, A.D. (2018) A midline thalamic circuit determines reactions to visual threat. Nature, 557, s. 183-189.

İnsana gelince, işler biraz daha karışık. İnsan beyninin diğer tüm canlılara göre ne kadar büyük ve karmaşık olduğundan bahsetmiştik. Bu karmaşıklık nedeniyle insan beyinleri, duyuları algılayan girdi ve hareketleri kontrol eden çıktı sistemleri arasında sayısız ve sınırsız işlem çeşitliliğine sahiptir. Muhtemelen temelde bu nedenle hayvanlarda hayal kurma, yaratıcılık, beklenmeyen sıra dışı davranışlar gibi sürprizler mevcut değil. Fakat temel devreler açısından hayvanlarla tamamen aynı mantıkla işleyen beyinlere sahibiz. Yani az önce bahsettiğimiz "cesaret anahtarı"nın bir benzeri muhtemelen bizim beyinlerimizde de mevcut. Hem de aynı yerde; talamusun "*xiphoid* (okunuşu: zifoid) *çekirdek*" denen minicik kısmında. Buna göre bizim "cesaretimiz" de beynimizdeki bu istasyonun verileri ne tarafa yönlendirdiğine göre ortaya çıkabiliyor yahut çıkamıyor.

Beynimizin plastisite özelliğinden hem burada hem de daha önce *Değişen Be(y)nim* başta olmak üzere diğer kitaplarımda sizlere bolca bahsettim. Aynı mantığı bahsi geçen cesaret devrelerine uyguladığımızda, aslında cesaret davranışını arttırmanın ilginç bir pratiği bize aradan göz kırpar. Tüm davranışlarımızda olduğu gibi, pratik yapmak ustalığımızı arttırdığından, cesaret davranışı da devreye sokuldukça bir sonraki seferde daha kolay gerçekleştirilebilir. Yani eğer cesur hareket edebilme konusunda kendimizi zayıf hissediyorsak daha önce cesaret etmediğimiz başka alanlarda, çok basitten başlayarak, cesur ve minik hamlelerle işe koyulabiliriz. Seyahat etmediğimiz bir yerlere gitmek, daha önce kullanmadığımız bir taşıt kullanmak, daha önce çekindiğimiz bazı becerileri denemek, çekindiğimiz insanlarla temas kurmaya çalışmak gibi minik hamlelerin hepsi, bu devreleri kuvvetlendirmek için uygun araçlardır. Ne olursa olsun, sadece daha önce "yapmadığımız" bir şeyleri yapmak bile bu devreleri kuvvetlendirmeye yeterlidir.

Sonuçta cesaret, çalıştıkça gelişen, gayretle kuvvetlenen ve denedikçe kolaylaşan bir kabiliyettir. Cesaretle atılan her adım ister başarılı ister başarısız olsun, "ben" sınırlarımızın genişlemesine olumlu katkı yapar ve bakış açımızın her hâlükârda gelişmesini sağlar. Zira başarısızlık, en etkin öğrenme yöntemidir. Sonuç ne olursa olsun, cesaret adımları bakış açımızı şu ya da bu şekilde genişletecektir.

Basiret: Arapça "*basar*" kelimesi, görme duyusu anlamına gelir. Buradan türetilmiş eski Türkçe bir kelime olan basiret; *görüşün genişlemesi, detayları fark edebilme, olasılıkları daha geniş olarak değerlendirebilme becerisi* anlamında kullanılır. Bir olay olduktan sonra verilebilecek doğal bir tepkiyi vermediğimizi fark ettiğimizde "*basiretim bağlandı*" ifadesini çokça kullanırız. Zira basiret bağlanmamış olsa yani "gözümüz açık olsa" muhtemelen o seçeneği rahatlıkla görebilecektik.

Cesaretle başlanan her girişim, sonucunun olumlu veya olumsuz olmasından bağımsız olarak yeni imkânları görebilmemizi sağlar. Mesela (pek küçük bir cesaret hamlesi olsa da) motosiklet kullanmaya başladığımdan beri yolları ve rotaları çok daha farklı algılamaya başladım. Araba kullandığım günlere göre artık trafiğe daha az, hava durumuna daha çok odaklanmak durumundayım ve bu benim iklim farkındalığımı ciddi oranda değiştirdi. Motosiklet, malumunuz, Türkiye'de biraz "cesaret işi"dir ve (birçok dostumla anne babamın beni vazgeçirme çabalarına rağmen) bu küçük cesaret hamlesinin çok faydasını gördüm.[36] Basiret de herkesin gözünün önünde olan ama cesaret etmeyenlerin göremeyeceği yeni imkânları görebilmenize işaret eder. Böylece yeni denemelere girişmek, yeni cesaret adımları atmak için yollar birer birer açılmaya başlar. Basiret genişledikçeyse daha enteresan bir şeyler olur: Başkalarının göremediği ve göremeyeceği bağlantıları ve imkânları görmeye başlarsınız.

---

36 Motorlu araç kullanmak durumunda olan herkese, özellikle İstanbul gibi kalabalık yerlerde, imkânları varsa mutlaka motosikleti bir denemelerini öneriyorum. Kurallara uygun ve akıllıca kullanıldığı takdirde bisikletten sonraki en iyi alternatif motosiklettir. Ayrıca motosiklet sürücülerinin sayıca artmasının ülkemizde bu kültürün yerleşmesinde çok önemli olduğunu düşünüyorum. Sevgili otomobil sürücüleri, motosikletlilere iyi davranın. Zira onlar sizin trafikte daha rahat seyahat edebilmenizi sağlıyorlar. Ve sevgili motorcu dostlar, altınızdaki motorlu bir araçtır; lütfen kurallara uygun ve saygılı bir şekilde kullanın!

Feraset: "Feres" Arapça at anlamına gelen kelimelerden biridir. (At, Araplar için çok önemli bir hayvan olduğundan, çok sayıda kelime atlar için tahsis edilmiştir.) Aynı kökten türetilen feraset, "at görüşü" anlamına gelebilecek bir deyime işaret eder. Malumunuz, atların gözleri başlarının iki yanındadır ve bu sayede çok geniş bir görüş açıları vardır. Bir at, 65 derecesi iki gözlü (binoküler), 285 derecesi de tek gözlü (monooküler) olmak üzere toplam 350 derecelik bir alanı görebilir. Bu da ona doğada avcıları tespit etme konusunda büyük bir avantaj sağlar. Bir başka açıdan, atların gözleri "insanların göremeyeceği kadar geniş bir alanı" görebildiği için, diğer insanların fark edemedikleri bağlantı, ilişki ve fırsatları fark edebilenleri *feraset sahibi* diye nitelemeyi severiz. Feraset, yaşamsal deneyimle ilgilidir. Okulda öğretilebilir bir bilgi yahut beceri değildir. Cesaretle "ben" sınırlarının dışına adım atan herkes, basiretini genişletirken zamanla ferasetini de geliştirir. Bu bizim algı ve akıl sistemimizin doğal bir sonucudur. Fabrika ayarımız böyledir. Dolayısıyla cesaretle atılan adımlarla birlikte, basiretle görünür hale gelen seçenekler de biriktikçe, bir zaman sonra o kişi, diğer insanların göremediği fırsat ve bağlantıları görmeye başlar.[37] Teknik, duygusal, maddî veya mânevî alanlar ferasete açık alanlardır ve insanlar hangi konuda derinleşirse o konuda feraset sahibi olabilirler. Feraset aynı zamanda, buradaki genel mesajımızla ilgili olarak "ben"in genişlemesinde önemli rol oynar. **"Normal" insanlar "ben" kurgularının dışındaki imkânları göremezken, feraset sahibi olanlar kendi inanç ve bilgi alanlarının dışında kalan ilişki, bağlantı, imkân veya fırsatları da fark etmeye başlarlar.** O nedenle, "ben"i genişletme macerası içinde ferasetin çok özel ve önemli bir rolü vardır. Feraset sadece görünmeyeni görmeyi sağlamaz; bu yeni görüş açısı çoğu zaman insanda çok önemli ve harekete geçirici bir duyguyu daha tetikler. O da hayrettir.

Hayret: Arapçada "*şaşırma, şaşkınlık*" anlamlarına gelen ve "*h-y-r*" kökünden türetilen hayret, yine sadece insana has diye bildiğimiz

37 Youtube'da yayında olan "Bilmeden bilmek: Örüntü gözü" başlıklı konuşmamda ve *Kimsenin Bilemeyeceği Şeyler* adlı kitabımda bulunan "Salih Amca ve Kaos Teorisi" adlı bölümde, iklim tahminleri konusunda derinlikli bir "feraset" ve ustalık geliştirmiş hava gözlemcilerinin ilginç hikâyesini bulabilirsiniz.

bir duyguya işaret eder. Bütün hayvanlar beklentilerine uymayan bir durumla karşılaşınca şaşırır ve muhtelif tepkiler verirler.[38] Fakat insanın şaşırma duygusu bunun bir adım ötesine geçer ve hayret kelimesi aracılığıyla karşılamaya çalıştığımız durumlar özel olarak onda ortaya çıkar. Hayret; daha önce görülmeyen, fark edilmeyen büyük resmin belirmeye başlamasına karşı hissettiğimiz şükran ve şaşkınlık duygusudur. Hayret sayesinde hareket motivasyonumuz, gayretimiz ve cesaretimiz de artar. Böylece içine girdiğimiz genişleme döngüsü ilave ve önemli bir ivme kazanır.

Hayret belki de duyguların en masum olanıdır. Çocukluğa hâkim duygulardan biridir. İlk kez sinemaya giden ve o koca ekrandaki çizgi filmi izleyen bir çocuğun kendinden geçmiş haliyle hayreti, hayretin en katıksız ve hesapsız hallerine bir örnektir. Büyüdükçe, yaşama alışkanlık geliştirir ve hayretimizi yitirmeye başlarız. Öte yandan bu benzersiz hissi başka şeylerde arama çalışmaları da başlar. Sanata, güzelliğe, seyahate, tehlikeye, riske ve hatta cinselliğe merak sarma, yeni hayret kapılarımızdan bazılarıdır.

İzlediğimiz filmler yahut oynadığımız oyunlar bile aslında çok defa hayret hissinin ateşlenmesi için tercih ettiğimiz faaliyetlerdir. Yeni deneyimler ve rutinimizi olumlu anlamda değiştirip dikkatimizi üzerine çeken birçok etken hayret yaratır. Herkes değişik tetikleyicilerle hayret hissedebilir; kimi cinsellikte ve bedensel güzellikte, kimi dini inançlarında, kimi sanatta, kimi de günlük hayattaki beklenmedik gelişmelerde hayret kovalar. Çok kolay alışıp sıklıkla yeni vesilelerle aradığımız bir zihinsel ödül kaynağıdır hayret.

Hayret aynı zamanda insan beyninde öğrenmenin de temelini oluşturur. Beyinde dopamin, serotonin, endorfin gibi pozitif etkileri baskın olan nice kimyasalın miktarını keskin bir şekilde arttıran (gerçek) hayret duygusu, yaşandığı anın ömür boyunca net bir biçimde hatırlanmasını sağlar. Hayretsiz bir gün, muhtemelen hatırlanmayacak bir gündür ve ömrümüzün kayıtlarından "düşülür". Geriye dönüp baktığımızda hatırladığımız gün ve anların "ömrümüzü" oluşturduğu düşünülürse, hayret içermeyen bir ha-

38 Bkz. Sinan Canan, *Kimsenin Bilemeyeceği Şeyler*, Tuti Kitap, 2015, a) "Hayret Nerede?" s. 154; b) "Merakın Oku: Tecessüs" s. 281-284.

yatın "yaşanmış olmasından" bahsetmek bile zordur. Hayret, o anı ve o duygu setini "işaretler"; o hale bir daha vasıl olabilmek için beynimizdeki "Haydi, tekrar yap!" devrelerini işletir. Bu da bizi zamanla, artık devamlı hayret için bakan, diğer insanların sıradan buldukları olaylarda hayret yakalamayı başarabilen, değişik bir zihin yapısına sahip kılar. Hayret sadece görünmeyeni görmekle tetiklenip orada durmaz; aynı zamanda zihnimizin bu deneyimleri başka kombinasyonlar halinde "çapraz bağlamasını" da kolaylaştırır. Bu bağlama sayesinde artık "kendi düşündüğüne, yazdığına, söylediğine hayret edebilen" ve dışarıdan bakınca bazen biraz tuhaf görünse de insanların ilgisini cezbeden bir insan modeli yavaş yavaş belirmeye başlar. Bu modelin bize getirdiği yeni yetenek ise pek çok insanın ömrü boyunca aradığı ama ancak az sayıda insanın bulabildiği kadim bir basamaktır. Bu basamağa veya mertebeye biz "hikmet" diyoruz.

Hikmet: Hikmet, Arapça kökenli bir sözcük olmasına rağmen günümüz Türkçesinde türevlerini en fazla kullandığımız, işlek ve derin kelimelerden biridir. Müsabakalarımızı emanet ettiğimiz *hakem*ler, sağlığımızı emanet ettiğimiz *hekim*ler, anlaşmazlıklarımızı adaletle çözeceklerine güvendiğimiz *hâkim*ler, unvanlarını hep bu kelimenin kökeninden alırlar.

Hikmet, Arapçada "bilgi, bilgelik, karar verme yetkisi" anlamına gelen ve daha eski kökenler itibariyle benzer şekillerde İbranice ve Süryanicede de bulunan "h-k-m" köküne dayanır. Bu kök, yukarıda saydığım örnekler dışında Türkçede kullandığımız *hükûmet, mahkeme, muhkem, muhakeme, mahkûm, tahakküm* gibi birçok kelimemize de kaynaklık eder.

Hikmet kelimesinin cârî anlamı "doğru ve yanlışı birbirinden bilgece ayırt edebilmek" kabiliyetini içerir. Hakemler, hekimler ve hâkimler, o nedenle en riskli ve belirsiz sorunlarımız söz konusu olduğunda nihai karar vericilerdir. Onların bu karmaşık konularda yeterli bilgi, deneyim ve bilgeliğe sahip olmaları gerekir (veya inşallah öyledirler!). Zira spor müsabakalarımızdaki tartışmalı durumlar, sağlığımızda meydana gelen sorunlar yahut adlî anlaşmazlıklarımızın hepsi nevi şahsına münhasır, yegâne ve tekrar etmeyen sorunların çözümünü gerektirir. Bir maçtaki herhangi bir pozisyon, herhangi bir hastanın özgün şartları veya bir adlî sorunun detayları, aynıyla başka bir yerde örneğini bulmamızın imkânsız olduğu yegâne durumlardır. Bu açık gerçek, bu tip sorunların çözümü için bilgisayar-vâri algoritmalarla işini yapan robotik ve teknik uygulayıcılardan ziyade, durumun verilerine ve aktüel değişkenlere göre karar verebilecek, bilgelik taşıyan bir zekâya ihtiyacımız olduğunu gösterir.[39] İşte o nedenle bu tip kararlarımızda yetkili kıldığımız insanlara "hikmet" sözcüğünden türettiğimiz unvanları yakıştırırız. Ve aynı nedenlerle bu tip uzmanlıklara sahip insanlar "içtihat"[40] yaparak nihai kararları verebilme yetkisine de sahiptirler.

Hikmet basamağına dokunan insanlar, artık gittikleri yolda[41] bir yol göstericiye yahut yol işaretine ihtiyaç duymazlar. Hikmet sahi-

39 Günümüzün yapay zekâ teknolojisi artık "hikmetle" karar verebilecek bir noktaya çok yaklaştı. 2020 itibariyle var olan ve denenen uygulamalar bu yönde umut (veya yerine göre endişe) verici gelişmelere işaret ediyor. Fakat halen yapay zekânın kararlarının belli algoritmalar ve öğrenme kuralları çerçevesinde gerçekleşmesi ve "kendi bağlamı içinde" geçerli olması gibi sınırlılıkların nasıl aşılacağı çok belli değil. Zira insanın böyle farklı bağlamları daha büyük anlamlar oluşturmak üzere nasıl birleştirdiğini formüle etmek kolay değil. Yapay zekâdaki daha ileri düzey gelişmeler belki de benim bu paragrafımın yakın veya uzak bir zamanda gözden geçirilmesini gerektirebilir. Şahsen, insanın gerçek hikmet derecelerinin algoritmalar ve öğrenme ağları ile çözülemeyeceğini düşünenlerdenim. En azından bugünkü teknolojik bakış açımızın, insan zihninin ulaşabileceği derinlikleri kapsayabileceğinden şüphe duymaya devam ediyorum.

40 İçtihat kelimesi, yine Arapça c-h-d kökeninden Türkçeye geçmiş olan "cihad" kelimesiyle aynı köktendir. Bugün yaygın olarak "savaş" anlamı verilse de kelime kökeni "çabalama, mücadele" gibi mânâlara gelir. Hikmetle verilen kararların "cihad" kelimesiyle olan bu ilişkisi, tekrarı olmayan olaylarla ilgili bağlayıcı ve adil kararlar üretebilmenin, pek üst düzey bir birikim ve bilişsel yetkinlik seviyesiyle ilişkili olması gerektiğini hatırlatması açısından dikkate değer olsa gerektir.

41 Bir insanın normal şartlarda her alanda hikmet sahibi olabilmesi pek olası değildir. Burada özellikle "kendi gittiği yolda" ifadesini kullandım; bunun amacı, hikmet sahibi olan insanın ancak hangi alanda deneyim biriktirdiyse orada muhakeme yapıp hüküm verebileceğine işaret etmektir. Mesela müzik alanında cesaretle ilerleyip hikmet noktasına ulaşan bir insan, devlet yönetiminde yahut ekonomide o kadar da derinlikli ve isabetli kararlar veremeyebilir. Yahut bilim alanında derinleşmiş birinin inançlar hakkında ya da tam tersi bir durumda kararlar vermesi, kendi alanındaki gibi isabetli olmayabilir.

bi olan kişi artık kendisi için neyin doğru neyin yanlış olduğunu ayırt edebilecek bilgeliğe ulaşmıştır. Doğru ve yanlış, zaman ve duruma göre elbet değişebilir; bugün doğru olan yarın yanlış, bugün kötü olan yarın iyi olabilir. Hikmet sahibi bu nedenle sabit, donuk ve değişmez kurallarla-yasalarla değil; durumun anlık ve gerçek verilerine dayalı, uyumsal (adaptif) bir karar mekanizmasıyla ilerler. Çoğu insan bu kararların hangi düşünce aşamalarıyla alındığını anlayamaz ama neticede genellikle hep o (hikmet sahibi) kişi haklı ve isabetli çıkar. İşte hikmetin bu özelliği, kaotik değişkenlerin baskın olduğu öngörülemez durumlarda, hikmet sahibinin yolunu açan, onu diğerlerinden farklı kılan en mühim avantaj haline gelir.

Çemberi Tamamlamak: Elbette *hikmet* basamağı, bu kaotik yolculuktaki son basamak değildir. AçıkBeyin ekibimizle birlikte geliştirdiğimiz bu insanî gelişim modeli daha birçok basamak içermekle beraber buradaki amaçlarımız için şimdilik yeterlidir.[42] Geri kalanını "*İnsanın Mânevî Ayarları*" adlı gelecek çalışmamızda detaylıca açmaya çalışacağım bu yolculuğun son bir özelliğine daha vurgu yaparak şimdilik neticeye varmak isterim.

Niyet ile başladığımız serüvende hikmet basamağına varan bir döngüyü anlatmaya çalıştığım bu yolculuğun döngüsel karakteri, niyet ve hikmet basamakları ile gayret ve cesaret duygusu arasındaki ilişkide saklıdır. Hikmetle iş görmek ve hikmetle bakmak; niyetlerimizi rafine eden, onları daha isabetli, bize has ve nihai hedefimize odaklı hale dönüştüren bir bakış sağlar. Bu bakış sayesinde yenilenen ve saflaşan niyetlerimiz, gayretimize de olumlu olarak yansıyacaktır. Gayretleri daha hedefe odaklı yapan şey hikmettir. Artık ne yapması gerektiğini çok daha iyi bilen, çünkü kendine de hikmetle bakabilen bir insan, adımlarını daha doğru ve daha cesaretli atacaktır. İşte ömür boyu sürecek bu döngü, doğrusal değil *kaotik* karakterli, herkesin ömründe farklı ritim ve duraklarla bezeli, benzersiz bir yolculuktur.

---

42 Burada kısaca özetlemeye çalıştığım bu modelin detaylı bir yorumu, Sesil Pir ile kaleme aldığımız "*İnsan Odaklı Liderlik*" (Tuti Kitap, 2020) kitabımızın temelini oluşturuyor. Bu prensiplerin iş dünyasındaki uygulama ve açılımları için adı geçen esere başvurabilirsiniz.

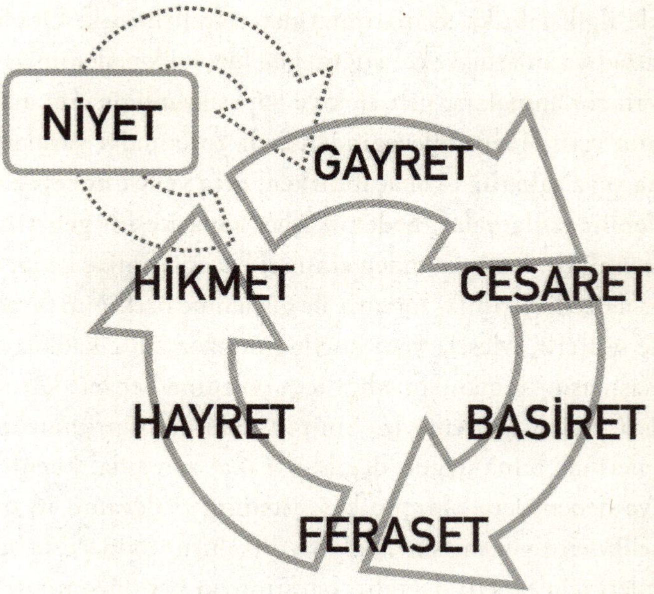

GÖRSEL 11: Niyet-Gayret-Cesaret döngüsü. Şemanın detayları, kelimelerin kullanım amaçları ve anlamları için lütfen metne bakınız.

Buraya kadar özetlemeye çalıştığım basamaklar, cesaretle "ben"inin dışına adımlar atmaya kalkışan insanların genelde yaşadıkları o benzersiz halleri algılanabilir bir kalıba benzetme amacıyla tasarlandı. Bu tasarım, bilimsel yahut deneysel çalışmalardan ziyade, hayata dair gözlemlerden ve ortak kadim bilgi dağarcığımızın öğretilerinden (elbette benim idrakime sığabildiği kadarıyla) geliyor. Tabii ki doğruluğu ve isabeti, yazanın kapasitesi ve kabiliyeti ile orantılıdır ama buradaki anlatının analitik doğruluğundan ziyade esasına, aslından ziyade faslına dikkat edilmesini dilerim. Eğer bu şekilde bakılırsa hepimizin özlediği o genişleme (*inşirah*) yolunun basamaklarının kabaca bu adımlardan geçtiğinde hemfikir olabiliriz diye düşünüyorum.

ZORLANMAYI BEKLEYEN SINIRLAR

Biyolojik Sınırlar: *İFA* serimizin ilk bölümü olan "Beden" başlığı altında hareket ve beslenme ile ilgili ayarlarımızı konuşurken, bedenle ilgili fabrika ayarlarımızı detaylandırmıştık. Orada da uzun uzadıya anlatmaya çalıştığım gibi biyolojik bedenimiz, aşırı olmayan zorlanmalara, gelişerek ve kapasitesini/gücünü arttırarak yanıt verir. **Taşıyabileceğinden fazla zorlamalar yaralanma, travma veya sakatlığa yol açabilirken; orta ve üst düzeyde telafi edilebilir zorlamalar, bedenin işlev kapasitesini geliştirmesi için önemlidir.** Kas gücünden zihinsel becerilerimize kadar tüm bedensel özelliklerimiz, zorlama ile güçlenme özelliğini ortak bir şekilde gösterir. Mesela yeni doğduğumuzda sinir kablolarımız olgunlaşmasını tamamlamadığı için, yürüme benzeri karmaşık işlemleri yerine getiremeyiz. Sinir sistemimiz ömrümüzün ilk dönemlerinde buna uygun değildir. Fakat zamanla, küçük zorlama ve denemelerle sinir ve kas sistemimizi devamlı uyararak bu özelliklerin gelişmesini sağlarız. Bu durum sadece bebeklik dönemleri için geçerli değildir; hayatımızın her döneminde zorlanmalar, biyolojik yeteneklerimizin kaldırabileceği aralıkta ise, bize gelişme olarak geri döner. Mesela sürekli hareket halinde olan, yürüyen veya koşan insanların kas, kemik ve eklemleri çok daha uzun süre sağlığını muhafaza edebilirken; ileri düzeyde hareketsiz bir ömür geçiren insanlarda kasların eridiğini ve kısaldığını, kemik yoğunluğunun belirgin bir biçimde azaldığını ve eklem sıvılarının yeterince salgılanmadığını hemen her zaman müşahede ederiz.

Beynimizi anlatırken sıklıkla vurgu yaptığımız uyum sağlayabilme ve değişebilme özelliği (plastisite) sadece sinir sistemine has değildir. İşleyen kasların büyümesi, hareket eden kemiklerin kuvvetlenmesi, derimizdeki bazı bölümlerin kullanmaya ve zorlanmaya bağlı olarak kalınlaşması ve hatta nasırlaşması, bu tip uyum mekanizmalarının farklı örnekleridir. Hatta yüzümüzde yaşla birlikte artan kırışıklık ve çizgiler, yüz kaslarımızı ömür boyu ne yönde kullandığımızın izlerini taşıyarak bir nevi "hafıza" gibi davranırlar. (Bana sorarsanız derideki kırışıklıkları gidermek amacıyla sıklıkla botoks uygulaması yaptırmayı alışkanlık edinenler, işin bu kısmını da düşünmeliler.) Derimiz üzerinde hayatımız boyunca oluşan tüm izler, derimizin hafızasını oluşturur. Tüm bedenimiz hayatı bu şekilde farklı formatlarda "kaydeder" çünkü biyolojik dokuların hemen tamamı "uyarlanabilme" (plastisite) özelliği taşır. Beyin bu açıdan sadece çok daha radikal dönüşümler geçirmesi ve bilişsel süreçlere bağlı olarak bu tip değişimleri sürekli göstermesi yönüyle ilginç görünür.

Bağışıklık sistemimiz, karşılaştığımız tüm saldırı ve istila hamlelerinin bilgisini taşırken, sindirim sistemimiz hayat boyu beslenme rejimimize göre ağır ağır şekil ve işlev değiştirir. Tüm bu gerçeklere toplu olarak kuş bakışı bakacak olursak biyolojik organizmalar, insan bedeni de dahil, yaşamsal deneyimlerle yeniden şekillenir. Evrimsel adaptasyon özelliklerinin yanı sıra, yaşam sırasında biriktirilen tüm deneyimler de o bedenin nasıl işleyeceğini belirler. Gerek fiziksel gerekse zihinsel olsun, belli sınırlar içinde hareket eden ve bu sınırları zorlamayan bedenler, zamanla güçten düşer ve var olan potansiyellerini de kaybetme tehlikesi ile yüz yüze gelirler. O nedenle biyolojik bedenimizi tatlı-sert bir düzeyde zorlayabilecek tüm faaliyetleri hem zihin hem de beden açısından hayatımıza yerleştirmek "güçten düşmemek" için akıllıca bir strateji olacaktır.

Coğrafî Sınırlar: İbn Haldun'un "Coğrafya kaderdir." sözünü hemen herkes duymuştur. Özellikle yaşadığımız coğrafyadaki bitmeyen kavgalar ve bölgesel sıkıntılar açısından bu söz çok anlam ifade eder. Gerçekten insan kültürel bir canlı olduğu kadar coğrafî de bir canlıdır. Yaşadığımız mekânın yeryüzü biçimleri dahi muhtemelen davranışlarımıza çok ciddi etkiler yapar. Dağlık veya deniz kıyısındaki yerlerde yaşamak arasında ciddi bir fark oluşacağını öngörmek için bilim insanı olmaya gerek yoktur. Gerçekten de coğrafyanın hem yüzey şekilleri hem biyolojik kaynaklar ve hem de kültürel havuz açısından çok önemli bir belirleyiciliği vardır.

Tatil için daha önce gitmediğiniz bir yerlere gittiğiniz zamanları düşünün. Muhtemelen böyle bir deneyimi en az bir kez yaşamışsınızdır. Ancak "tatil için" demem özellikle önemli; zorunluluktan değil, bile isteye orada olmuş olmanız lazım. Öncelikle, çoğu tatil amaçlı seyahat durumlarında, planladığınız yere vardığınızda, bu küçük değişiklik size kendinizi daha mutlu hissettirecektir. Farklı bir ortamda bulunmak, zihnimizin açılmasını sağlar. Fakat olay örgüsüne biraz daha yakından bakabilirseniz içeride işleyen süreçlerin biraz daha farklı bir hikâye anlattığını görebilirsiniz. Tatile çıkmak üzere evinden ve şehrinden ayrılan insanların stres sistemleri harekete geçer. Çoğu zaman insanlar ishal yahut kabız olabilirler, seyahat öncesi birkaç gün uykuları bölünebilir yahut günlük olumsuzluklara gereğinden ve normalden daha sert tepkiler verebilirler. Bütün bunlar "mekâna dair (spatial) konfor sistemimizin" o bilinmeyen yerlere "gitmek istememesinden" kaynaklanır. Her ne kadar sırf keyfinizi arttırmak için bir tatil planlıyor olsanız da bu tip bir yolculuk bile çoğu insanda stres yanıtlarının az yahut çok gün yüzüne çıkmasına neden olur. Sebep gayet anlaşılırdır aslında; tüm bölüm boyunca bahsetmeye çalıştığımız, "alışkanlığın güvenli alanından belirsizliğin riskli alanına" giriş, doğal olarak beynimizin "hayatta kalma devrelerini" harekete geçirecektir. Mesela ikametgahınızı değiştirmek üzere ev taşımak, bu streslerin en belirginlerindendir. Taşınma sırasındaki stresi herkes bilir yahut anlayabilir ama tatile giderken dahi "stres" yaşamak, sıkıntı hissetmek ilginçtir. Her ilginç bulgu gibi bu da bize, "biz" hakkında bir şeyler söyler.

Sadece tatil için yola çıkarken değil, yol boyunca da stresliyizdir. Genellikle bu stresli yanıtları, eğlenceli bir yolculuk planı, yolda tatille ilgili ilave planların konuşulması, sohbet ve müzik gibi müdahalelerle en aza indirmeye çalışırız. Geçici tatil yerine ulaşıldığında genellikle bir ayılma, uyanma, neşe hali ve mutluluk hissinde bir artış meydana gelir. Fakat biraz zaman geçirilince çoğu insanda ilginç bir başka reaksiyon başlar. Tatili bir haftadan uzun süren çoğu kişi, "evlerini" ve "rutin hayatlarını" özlemeye başlar. Bazılarında bu durum "ev özlemi" (homesick) de denen farklı bir ruh halinin ortaya çıkmasına bile neden olur. Bu insanlar artık tatildeki eğlencelerden ve boş vakitten zevk almamaya, neşe ve mutluluk düzeylerinde bir azalma hissetmeye ve hafif depresyona benzer belirtiler geliştirmeye yatkın hale gelebilirler. Bütün bunlar, arka planda "ana yaşam alanından ve kesinliklerin daha fazla olduğu konfor alanından" ayrı düşmenin getirdiği doğal tepkilerdir. İnsanlarda çok farklı şekillerde ortaya çıkabilen bu tepkiler, bazılarında hiç görülmeyebilir. Fakat azımsanamayacak miktardaki insanda gözlenen bu tip etkiler, insanın "mekânsal ayarları" ile ilgili önemli ipuçları taşırlar.

Ev özlemi; yeni bir iş yahut okul için şehir değiştiren, taşınmak zorunda kalan insanlarda zaman zaman çok belirgin şekilde ortaya çıkabilir. İşin temelinde "bağlanma, öngörülebilirlik ve güvenli alan" gibi alışıldık bileşenlerin kaybının yarattığı duygusal tepkiler rol oynar. *Kendinizi Endişeden Özgürleştirmek (Freeing Yourself from Anxiety)* başlıklı kitabın yazarı psikolog Tamar Chansky, bu durumu bir yüzme havuzu deneyimine benzetir. Havuza ilk girdiğinizde genellikle deneyim rahatsız edicidir. Soğukluk, ıslaklık hissi ve günlük hayattaki sıradan davranışlarınızdan farklı hareketler gerektiren su ortamı sizi önce rahatsız eder. Eğer girer girmez hemen dışarı çıkacak olursanız bu deneyim sizde kötü bir anı olarak işlenir. İnsanların neden havuza girdiğini dahi anlayamazsınız. Fakat sudan çıkmayıp da havuzda zaman geçirmeye devam ederseniz bu koşullara alışıp keyif almaya başlarsınız.

Coğrafî bağlılığımız, bulunduğumuz mekanların coğrafî özelliklerinden ziyade zihinsel alışkanlıklarımızla ilgilidir. Bu nedenle bolca seyahat etmek, zihinsel adaptasyon kapasitemizin gelişmesi için gayet iyi bir egzersizdir. Nasıl ki bedensel hareket azaldığında hareket sistemlerimiz zamanla güçten düşerse aynı fiziksel ortamlarda yaşadıkça da farklı fiziksel koşullara uyum sağlayabilme yeteneklerimiz zamanla azalır. Uzun yıllar aynı yerde durağan hayatlar yaşayan insanlar, zaman içinde kendi hayatlarındaki küçük değişikliklere bile rahatsızlık tepkileri vermeye başlarlar. Halbuki çokça yer değiştiren insanlar farklı fizyolojik, coğrafî ve zihinsel koşullara yahut zorlamalara çok daha yüksek adaptasyon gösterebilirler. Farklı koşullara uyum sağlayabilme kapasitesinin genişliği sağlığın da temel koşulu olduğundan "Seyahat edin, sıhhat bulun. (Hz. Muhammed)" sözü, kadim bir doğru olarak yine karşımızda beliriverir.

Coğrafî sınırların sıklıkla zorlanması, aynen diğer tüm sınırlarda olduğu gibi insan zihninin bu güvenlik alanının içine hapsolmaktan da özgürleşmesini getirecektir. O nedenle, fırsatlar ve imkânlar çerçevesinde coğrafî sınırlarımızın dışına mümkünse bedenen, değilse, hiç olmazsa sanal olarak seyahat etmeye çalışmak büyük fayda sağlayacaktır.

Lisan Sınırları: Lisanımızın sınırlarının zihnimizin sınırlarını belirlediğini tespit eden düşünür Wittgenstein, çok önemli bir meseleye dikkat çeker: Gerçekten de lisanımızın kapasitesi kadar düşünebilir ve akledebiliriz. Lisanımızı oluşturan kelimeler, soyut ve somut kavramların karşılıkları ve işaretleyicileri olarak zamanla öğrenilir ve biriktirilir. Fakat zannettiğimiz gibi bu kavramlar zihnimizde ayrık bilgi parçaları yahut "bit"ler olarak depolanmaz. Bunun yerine kavram ve fikirleri daha ziyade "anlam bulutları" diyebileceğimiz dinamik bir formatta kaydederiz. Bulut dememiz, bulut bilişimine benzemesinden dolayı değil, zihnimizdeki kavram ve kelime "kayıtları"nın sabit ve değişmez olmaması sebebiyledir.

Mesela muhtemelen "meltem" ve "fırtına" kelimelerini bilirsiniz; ikisi de hava hareketleri ile ilgilidir. İlki olumlu ve sakin bir anlam taşırken, ikincisi biraz olumsuz ve hatta rahatsız edici görünebilir. Halbuki bu kelimeler İtalyanca kökenli denizcilik terimlerinden doğmuşlardır ve kötü tempolu yavaş rüzgâr anlamındaki "*maltempo*" (*mal*: kötü; *tempo*: zaman, ritim, hava) ve talih, servet, zenginlik anlamındaki "*fortuna*" kelimelerinin dilimize geçmiş versiyonlarıdır. Yani normalde İtalyan denizciler için "meltem" kötü bir rüzgârken "fırtına" iyidir çünkü gemileri hızla hedefine taşır.

Bu kelimelerin kökenlerine dair bu bilgiyi eğer ilk kez az önce aldıysanız, yeni öğrendiyseniz, artık zihninizde o kelimelerin ilişkili olduğu tüm anlamlar belirgin bir değişime uğrar. Meltem ve fırtına kelimelerine ait "bulutlar" birkaç dakika önceki gibi değildir. Tanımlar zenginleşmiş, bağlantılar artmış ve anlamlar genişlemiştir. Meltem ve fırtına kelimelerinin sadece verili anlamlarıyla kullanılması elbette gerçek hayatta büyük bir fark yaratmaz; günlük hayatımızı bunları bilmesek de rahatça yaşarız. Fakat bu dar anlamlandırmanın bir "sınırlama" olduğunu da akıldan çıkarmayalım. Lisanımızda var olan kelime dağarcığımızın büyüklüğüne ve bu dağarcıktaki bileşenlerin (kelime ve kavramların) karmaşıklığına yatırım yapmak, bizi bambaşka şeyler düşünebilen insanlar haline dönüştüren verimli bir yatırımdır.

Lisan yeteneğimiz de yine büyük oranda yetiştiğimiz aile ve kültür ortamıyla şekillenir. Okuma ve sorgulama alışkanlığı, iletişim imkânları, etrafta bulunan insan sayısı ve samimiyet düzeyleri gibi temel faktörler, lisan yeteneğimizin çok önemli belirleyicileridir. Biraz önce "vahşi çocuklar" ve "ben nedir" bahislerinde zikrettiğimiz konuların bir benzeri de burada karşımıza çıkar: Lisanımız, ilk yetişme ortamımızın şartlarından gelen birçok kısıtlılığa sahiptir ve bunun hızla geliştirilmesi gerekir. Bu kısıtlamayı aşmanın ilk ve en önemli yollarından biri en kısa zamanda bir veya birden fazla yabancı dili yetkin bir biçimde öğrenmektir. Yabancı bir lisan, dünyaya bambaşka bir mantıkla bakabilmenin ve "ben'i genişletebilmenin" en kestirme yollarından biridir.[43] Elbette tek başına yabancı dil öğrenmek yeterli olmayacaktır ama bu en azından iyi bir başlangıç noktasıdır. Öte yandan iyi bir

43 Bu konuyla alakalı önemli bir vurguyu daha önceki kitap ve yazılarımda sıklıkla anlattığım için burada kısa bir hatırlatma ile geçmek isterim: Yabancı bir lisan öğrenmek, günümüzün "anlık çeviri" sağlayan teknolojileri geliştikçe "lüzumsuz" addedilmeye yüz tutan bir uğraş gibi görünebilir. Halbuki "lisan" denen şeyin ne olduğunu bilen insanlar için durum tam tersidir. Biz yabancı bir lisanı, o lisanla konuşan insanlarla günlük meseleler üzerinde anlaşmak için öğreniyorsak elbette bunun için o kadar çaba sarf etmeye gerek yoktur; dijital bir tercüme programı işimizi fazlasıyla görebilir. Oysa insan, lisanları "kendini tamamlamak ve genişletmek" için öğrenir. Başka bir lisanda kaleme alınmış bir bilgiyi, tercümeler üzerinden okuyup oradaki fikre aşina olmaya çalışmak, Cemil Meriç'in benzetmesiyle "bir halının desenini tersinden bakarak anlamaya" çalışmaya benzer. Her tercüme eksiklikler içerir; o nedenle yeni bir lisan öğrenmek hem bizim zihinsel sınırlarımızı genişletir hem de başka lisanlarla kendini ifade eden düşüncelerin dünyasına doğrudan temas edip azami faydayı sağlayabilmemizi mümkün kılar. Böyle bir motivasyon, okullarımızda adına "yabancı dil eğitimi" dediğimiz saçma uygulamaların da ne kadar boş ve gereksiz olduğunu bize daha iyi anlatacaktır. Koca bir ömrü tek ve "dar" bir lisanla tamamlamak; deyim yerindeyse ömür israfıdır.

şekilde yabancı dil öğrenebilmenin temel kuralı, kendi lisanını iyi bilmek ve onun derinliklerine hâkim olmaktır. **Kendi lisanı içinde derinleşmemiş, kelime ve kavram dağarcığı sınırlı insanlar, yabancı bir lisanı öğrenmekte çok zorluk çekerler.** Önce ana dilimizi öğrenmek, tüm beceriler için en temel ihtiyaçtır.

Bu da bizi bir diğer, belki de en önemli taktiğe götürüyor: Etimoloji çalışmaları. Etimoloji, kelime ve kavramların anlam kökenlerini inceleyen bilimdir. Herhangi bir kelimenin etimolojik öyküsüne baktığınızda bulacağınız her türlü bilgi, muhtemelen size o kelime yahut kavram hakkında bildiğinizden çok fazlasını söyleyecektir. **Kelime kökenlerine dair merak, entelektüel bir zihnin ayrılmaz yoldaşıdır.** Zamanla kelimelerin etimolojik kökenlerine vâkıf hale gelmeye başladıkça, insan zihni çok daha farklı bir seviyede çalışmaya, gerçekleri ve kavramları bambaşka bir gözle görmeye başlar. Zihin genişler, yeni imkânlar keşfedilir ve genişleme için nice fırsatlar yakalanır.

Bunlar dışında aynı dilin farklı lehçelerini öğrenmek, kendi ana dilinizin farklı kullanım alanlarını, imkânlarını, sınırlarını fark edecek deneyimler biriktirmek de önemlidir. Özetle, dil konusunda ne kadar meraklı ve dikkatli olursak bu merak ve dikkat bize genişlemiş bir zihin ve idrak olarak geri dönecektir.

Benlik Sınırları: "Ben'i Genişletmek" başlığı altında bu konudan yeterince uzun bir biçimde bahsettik. Gerçekten de bana göre çok daha büyük bir ilgiyi hak eden bu mesele, bu kitapta oldukça özet olarak geçildi. Olabildiğince özetlemeye çalıştığım ana fikrim ise şu: "Ben" dediğimiz şey büyük oranda yapay bir algıdır. Hayat, insan için "ben" denen o başlangıç fikrini genişletme işlevine sahip olabilecek benzersiz bir maceradır. Kendimizi ve benliğimizi genişletmezsek dünyaya hep o dar başlangıç penceresinden bakmak zorunda kalırız. Bu daracık sınırlar içindeyse ne yaparsak yapalım, gerçekliği ve gerçek kendimizi hakkıyla anlamamız belki de hiç mümkün olmaz.

Bu bölümde bahsettiğimiz tüm sınır aşımları, işte böyle bir genişlemeye hizmet ettiği müddetçe olumlu ve arzu edilir sınır aşımlarıdır. İlkin başlangıç benliğinden kurtulamayan, o benliği genişletemeyen bir kimse, nereye giderse gitsin, ne yaparsa yapsın, zihnini ve dünyasını genişletemez. O benliği geliştirmeyi bir kez tadanlar ise zindanları bile saray eyleyebilir.

Psikolojik Sınırlar: İnsanın dış dünyayla olan ilişkisini bedensel sınırlar belirlediği gibi algımızı, anlayışımızı ve düşünüşümüzü de psikolojik sınırlarımız belirler. Psikolojik sağlığımız, etrafımızdaki dünyadan en iyi biçimde faydalanabilmemiz için en temel ihtiyaçtır. Psikolojik sağlık dediğimde muhtemelen çoğu insanın zihninde depresyondan, üzüntüden, melankoliden, telaş ve gerginlikten uzak, dingin ve mutlu bir zihinsel durum canlanıyor olabilir. Hayır, kastım o değil. Olumlu ve olumsuz bütün duyguların farkında, duygu ve düşünce dünyasının kendisine ne söylemeye çalıştığını anlamaya gayret eden, kendini ve iç dünyasındaki benliğini yargılamayı bir kenara bırakıp, kendini yargılamadan ve olduğu gibi anlamaya çalışan bir zihin durumundan söz ediyorum. Böyle bir zihin hali, çoğu zaman erişilmesi çok zor bir vaha veya cennet gibidir. Zira günlük algılarımız ve zihinsel işlevlerimiz, çoğu zaman "neden öyle olduğunu" bilmediğimiz psikolojik sınırlarımızı zorlayan düşünce, deneyim ve duygulardan, bunların yarattığı muhtelif rahatsızlıklardan dolayı verimli çalışamaz.

Sağlıklı bir zihin, sakin ve dingin bir zihin değildir. **Sağlıklı bir zihin; her deneyimi hemen "iyi" yahut "kötü" diye etiketlemeden üzüntüyü, sevinci, arzuyu veya diğer tüm duyguları olduğu gibi deneyimleyebilen, onların kişisel olarak nasıl bir mesaj taşıdığını düşünebilecek ve hissedebilecek özgürlüğe sahip bir zihindir.** Çoğumuz, çoğu zaman bu vaziyette değilizdir. O nedenle olumlu da olsa olumsuz da olsa duygularımızı hızla harcar; olumluları doyasıya yaşayamaz, olumsuzları ise uyuşturmaya çalışırız. Halbuki duyguların esas amacı bize bir nevi "bilgi" vermektir. Karmaşık bir örüntü tanıma sisteminin ürünü gibi görünen duygular, aklımızın ve analiz yeteneğimizin çözemediği karmaşıklıkta sorunlar için oradadır. Dolayısıyla bu tip mesajları okuyabilecek bir zihin ancak ciddi bir eğitimle yetkinleştirilebilir. Elbette böyle bir zihin durumu, stres bahsinin çözümünde de bahsettiğimiz "bilinçli farkındalık" deneyimi ile çok yakından alakalıdır. Bu farkındalık deneyimi ve ustalığı arttıkça insanların zihinsel süreçleri ve psikolojik durumları ile ilgili değerlendirmeleri, çok daha sağlıklı ve isabetli halde işler. Böylece artık o psikolojik süreçlerin kurbanı yahut nesnesi olmaktan çok, o durumları yönetebilen bir yönetici haline gelirler.

Sağlıklı psikolojik halin en önemli ihtiyaçlarından biri "duygusal esneklik-dayanıklılık" veya "yılmazlık" olarak adlandırılan beceridir (resilience). Ben bu terime Türkçe karşılık olarak "istikrar"[44] kelimesini kullanmayı seviyorum. Duygusal istikrar, kötü bir hadise yahut olumsuz bir psikolojik deneyim sonrasında insanın normal ve sağlıklı psikolojik değerlendirme düzeyine ne hızla geri dönebildiğinin bir ölçüsüdür. Duygusal istikrar "tekrar eski hale dönebilme" gibi bir anlam içerdiğinden, pasif bir hal olmaktan ziyade aktif bir süreçtir; çaba ister ve bu çabayı yönetebilecek beyin devrelerinin zaman içinde çalıştırılarak geliştirilmesi gerekir. Duygusal istikrar konusu, Richard Davidson'un *Beyninizin Duygusal Hayatı* başlıklı kitabında tarif ettiği "altı temel duygusal boyut"tan biridir. Davidson ve ekibi, literatürdeki çalışmalardan da geniş bir biçimde faydalanarak, kendi yaptıkları detaylı araştırmalar sonucunda duygusal yılmazlık denen şeyin beynimizdeki aktif bir kontrol sisteminin gelişmişlik düzeyiyle ilgili olduğunu gösterdiler. Bu sistem, stres yanıtlarını ortaya çıkaran *amigdala* bölümü ile beynin davranışları kontrol eden ön bölümleri arasındaki bağlantı kompleksleri üzerinden çalışan bir sistemdir. Duygusal istikrar becerisi yüksek insanlarda bu devreler daha "kalın" ve "kuvvetli"dir. Bunu beyin taramalarındaki "beyaz madde"

44 İstikrar kelimesi Arapça "k-r-r" kökünden, "karar" sözcüğünden türetilmiştir ve kararlı olma halini tanımlar. Kararlılık, kimyadan güncel hayata birçok yerde benzer anlamlar taşır. Bu anlamlar çoğunlukla "bozucu unsurların varlığına rağmen belli bir halde/yolda olabilme becerisi"ni tanımlar. İngilizce resilience kelimesiyle tanımlanan beceri de aslında aynı durumu anlatmak için kullanılan bir terimdir. Bu kelime de köken olarak geri-sekme veya geri-tepme anlamına dayanır. Açılan bir yayın tekrar eski haline dönmesi gibi "elastiklik" terimi ile benzer anlamlar taşır. Dikkat edilirse resilience, dayanıklılık, esneklik gibi tabirlerin hepsi "yapısal ve pasif" anlamlara daha yakındır. Bu nedenle orijinali resilience olan bahse konu beceri için istikrar kelimesinin orijinal kelimeden daha açıklayıcı ve tamamlayıcı olduğunu düşünüyorum.

miktarından ve beyin fizyolojisi çalışmalarındaki "eski haline dönebilme becerisi"nin çok daha iyi olmasından anlayabiliyoruz.[45] Bu bağlantıların beynin her iki yanında da olmalarına rağmen, özellikle sol ön beyin[46] ve sol amigdala arasındaki bağlantılar duygusal istikrar becerisinde önemli gözüküyor. Burada amacımız, işin sinirsel mekanizmasını tartışmaktan ziyade, bu bilginin bizim için ne anlama geldiğini görmek.

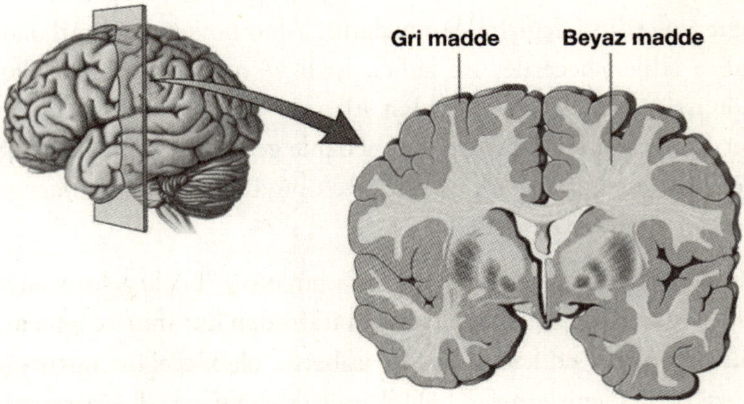

GÖRSEL 12: Beynimizdeki gri ve beyaz madde alanlarının kesit üzerinde şematik gösterimi. Hücrelerin bol bulunduğu kısımlara gri, hücre uzantı kabloları olan aksonların yoğunlukla yerleştiği kısımlara ise beyaz madde adını veriyoruz.

Beyindeki beyaz madde, mikroskobik sinir hücrelerini birbirine bağlayan ve onlar arasındaki veri iletişimini sağlayan milyarlarca mikroskobik sinir telinden oluşur. Bu teller o kadar kalabalık ve

45 Duygusal esneklik (resilience), elektrofizyolojik yöntemler kullanılarak beynin anlık işleyiş modelleri üzerinden de çalışılabilen bir özelliktir. Bir grup çalışmada, deneklerin kafataslarından EEG dediğimiz beyin dalgaları kaydedilirken, ERP (event-related potentials) denen özel bir yöntemle, deneklerin beyinlerinin rahatsız edici ve hafif korkutucu/irkilten uyaranlara saniyenin kesirleri içinde verdiği hücresel tepkiler ölçülebilir. Duygusal esnekliği düşük insanlarda bu irkilme "dalgaları"nın normale dönmesi, esnekliği normal düzeylerde olan kontrol deneklerine göre çok daha uzundur. Yani bu insanlar, hücre grupları düzeyinde de o olumsuz deneyimin etkisini atlatma konusunda daha yavaş ve daha az yeterlidirler.

46 Sol dorsolateral prefrontal korteks (DLPFC).

sıkı paketlenmiştir ki biz bunları beyin görüntüleme teknikleri ile kocaman otoyollar şeklinde izleyebiliriz. Enstrüman çaldığınızda, yeni bir maharet elde etmek için çalıştığınızda, yeni bir dil öğrendiğinizde ve benzer tüm "yeni beceri" durumlarında, farklı beyaz madde alanları otomatik olarak hacmini arttıracaktır. Mesela profesyonel müzisyenlerde "zekâ yolu" olarak da bilinen arkuat bağlantının normal insanlara göre kalınlaştığını biliyoruz.[47] Bu kalınlaşma, büyüme yahut biçim değiştirme, beynin öğrenme yöntemidir. Beyin, biçim değiştirerek öğrenir. Her öğrenme edimi değişimle sonuçlanır. Yıllar boyunca tekrarlanan, talim edilen beceriler ise kalıcı, hızlı ve otomatik bağlantılara dönüştürülür. Erken yaşlardan itibaren yapılan farkındalık egzersizlerinin ileriki yaşlarda bu nedenle gerek duygusal esnekliğe gerekse genel psikolojik iyi oluşa çok büyük katkıları olması gayet doğal bir sonuçtur.

Psikolojik sınırlar çoğu zaman "ben buyum", "böyle gelmiş böyle gider" gibi ifade edilen iç inançlar tarafından korunur ve beslenir. Bu inançların ne kadar boş ve isabetsiz olabileceğini tartıştığımız "Ben'i Genişletmek" bölümümüzde, inançları değiştirmenin kendimizi değiştirmek, kendimizi değiştirmenin ise dünyamızı değiştirmek olduğunu anlatmaya çalışmıştım. Elbette bu sözü herkes duymuştur fakat *bilmek*, *yapmak* ve de *olmak* arasındaki farkı burada bir kez daha hatırlatmam gerekir. Teşebbüs etmeden deneyimleyemez, deneyimlemeden olamayız. Teorik olarak bilmek bir şey, bunu yaşamak ise bambaşka bir şeydir.

Psikolojik sınırları esnetmenin az bilinen (ama aslında olumsuz yönde bilinçsizce de olsa sıklıkla kullandığımız) bir yolu ise **"yeniden çerçeveleme" (reframing)** denen beceridir. Yeniden çerçeveleme; var olan algı düzeyimizde bize iyi yahut kötü, faydalı yahut zararlı görünen olay ve olguların, zihinsel bağlamın değiştirilmesi yoluyla yeniden yorumlanmasını anlatan bir terimdir. Özellikle olumsuz olaylar karşısında zihinsel kaynaklarımızı olumsuz duygular ve stres ile boşa harcamak yerine, bakış açımızı değiştirerek aynı durumun faydalı yahut işe yarar yanlarını

---

47 Sinan Canan, *Değişen Be(y)nim*, Tuti Kitap, 2015, s. 110-112.

görebilir hale geliriz. Bu beceri, duygusal istikrarın da önemli bir bileşenidir ve beyinde az önce duygusal istikrar yeteneğiyle ilişkili olarak bahsettiğim beyaz madde alanlarının gelişmişliği ile yakından ilgilidir.

Beyinlerinde duygusal istikrar sistemini yöneten devreleri gelişkin insanlar, olumsuz durumlar karşısında bu yeniden çerçeveleme becerisini başarıyla kullanırlar. Bu sistemi verimli kullanan insanlardan öğrendiğimiz temel gerçek oldukça açık ve çarpıcıdır: **Duygularımız, düşüncelerimiz tarafından şekillendirilir. Nasıl bakarsak öyle görür, nasıl görürsek öyle hissederiz.** Varsayılan ayar olarak "olumsuzluğu tespit etmeye" odaklı zihinler, doğal olarak her olumsuz durumda duygusal açıdan olumsuz uçlara savrulmaya çok daha yatkındır. Bu varsayılan ayar bütün hayvanlarda "ürkeklik" olarak meydana çıkarken, insanda daha derin, depresyon ve travmalara varan sıkıntıları ortaya çıkarabilir. Zira tabiatta tüm canlıları hayatta tutmakta başarı ile iş gören bu "çerçeveleme" (yani önce olumsuz olanı tespit etme), konu insana, özellikle de modern insana geldiğinde başımıza çok işler açar.

Hayatta kalma sorununu temel olarak çözmüş olan birçoğumuzda bu sistem, "gereksiz endişe ve korku üretme" kaynağı olarak çalışmaya başlar. Sosyal korkular, öz beden algısı sorunları, gelecekteki imkânlara dair endişeler, her türlü beklenti dışı olay karşısında kaygılanma gibi günlük hayatta çokça bildiğimiz durumlar, bu doğal ayarın yansımalarıdır. Yeniden çerçeveleme ise önümüzdeki olaylara veya zihnimizdeki kaygı verebilecek düşüncelere başka bir bakış açısıyla bakabilme becerisidir aslında. Takdir edersiniz ki bizden başka herhangi bir canlıda görmeyi beklemediğimiz, insanın aşırı gelişmiş "ön beyninin" bir işlevi olması gereken bu yetenek, konuyu "faydalı-zararlı", "tehlikeli-güvenli" veya "doğru-yanlış" kategorilerinin dışında, sadece "olduğu gibi" veya ilk görünen halinden çok başka şekillerde değerlendirebilmemize imkân verir.

Olumsuz görünen olaylardaki olumlu kısımları görebilmek, hatta bu olumlu kısımları esas odak noktasına çekebilmek, yeniden çerçeveleme ile çoğu zaman mümkündür. Yeniden çerçeveleme "kendini kandırmak" değil, zihnimize yeni açılardan bakabilme fırsatı sunarak doğru ve verimli davranış geliştirebilme şansımızı arttırmaktır. Mesela, 2020 yılı başlarında tüm dünyayı etkisi altına alan ve hepimizin alıştığı hayat tarzını günler içinde değiştiren korkutucu koronavirüs salgını, insanlık tarihinin tartışmasız en önemli vakalarından biri oldu. Çoğumuz alıştığımız ve her zaman garanti gibi gördüğümüz günlük hayatımızı bir anda alt üst eden böyle bir etkiye karşı ne yapacağımızı şaşırdık. Haklı olarak büyük bir kısmımız endişe, korku ve yer yer panik işaretleri vermeye başladık.

Tüm dünyayı etkisi altına alan böyle bir salgında yapabileceğimiz çok fazla bir şey yoktu. İşler kontrolümüzde değildi ve kendimizi büyük bir belirsizliğin içinde bulduk. Fakat bazılarımız diğerlerinden daha farklı davranmayı seçti. Onlar, herkesle beraber deneyimledikleri bu "olumsuz" durumun ne tip fırsatlar yaratabileceğine bakmayı tercih ettiler. Eski alışkanlık ve rutinlerinin bozulmasını, hayatlarının bildikleri şeklinin keskin bir kesintiye uğramasını bir yana bırakıp "yeni yollar bulabilme" konusuna odaklandılar.

Ben bu satırları koronavirüs salgınının tavan yaptığı 2020 yılı Nisan ayında yazıyorum ve muhtemelen siz bu satırları okuduğunuz sıralarda (inşallah) dünya yine başka (ve daha az yıkıcı) sorunları konuşmaya başlamış olabilir. Ama geriye dönüp de bu büyük salgından sonra inşa edilen dünyaya, şekli ve içeriği nasıl olursa olsun "yeni yaşam tarzına" bakacak olursak içinde bulunduğumuz "yeni hal"in işte bu tip zihinler tarafından inşa edildiğini görebiliriz. Onlar için, küresel bir virüs salgını gibi "alıştığımız her şeyi" değiştiren böylesine büyük bir mevzu, bildiğimiz kuralların yıkıldığı, yeni ve tanımadığımız bir dünyaya adım atmamıza neden olan pek büyük bir "uyarıcı" haline geldi. Hiç uyarı yapmadan gelen bu yeni durum, tam olarak bu bölümde anlatmaya çalıştığım "konfordan kaosa geçiş" senaryolarının belki de tarihimiz boyunca en büyüğü, en çok insanı etkileyeni ve en yaygın sosyal etki alanına sahip olanıydı. İşte hepimizin doğal olarak "olumsuz" tepkiler vermesi gereken böyle bir durumda dahi meseleye "başka bir çerçeveden" bakabilenler, yeni yolları ve imkânları görebilenler olacaktır. Dünyayı sarsan bir salgında sadece "iyimser" olmak aptallıktır. Şikâyet ve kötümserlik ise bize bir şey kazandırmaz. Önemli olan iyimser bir gerçekçilikle durumu kabullenip olası yeni hareket yollarına odaklanmaktır.

Burada son bir not olarak "kabullenmek" kavramını biraz açmam gerektiğini hissettim: Kabullenmek, çoğu zaman zihnimizde acizlik ve itaat gibi sonuçları çağrıştırabiliyor. Mesela olumsuz bir durumu kabullenme önerisi, o durumdan etkilenen kişilerde genellikle daha isyankâr bir tepkiye neden olabilir. Fakat burada bahsedilen kabullenme, durumun gerçek boyutlarının kavranması, yargısız bir şekilde izlenmesi ve gerçeklerin olabildiğince objektif bir biçimde fark edilmesidir. Kabul, aktif bir zihinsel süreçtir ve irade ile düşüncenin müdahalesine ihtiyaç duyar. Böyle bir kabul, harekete kapı açar ve bizi durup beklemekten, bocalamaktan, korku ve paniğe kapılmaktan korur. Bunun zıddı ise sızlanmak veya şikâyet etmektir. Şikâyet, aktif bir faaliyet gibi görünse de aslında pasifleştirici bir enerji sarfiyatıdır. Şikâyet, sorumluluğu üzerimizden alarak dış faktörlere yükleme zannı oluşturup geçici bir rahatlama sağlayabilir. Fakat bu rahatlama ne bir iyi hissetme halini ne de sorunların halline dair bir yol bulabilmeyi sağlar. Şikâyet sadece enerjiyi boşa harcamaktır. Çaresizliğin ikrarı, aksiyon almanın reddidir. Bunun tam tersi olan kabullenme, bizi olası yeni imkânlara doğru harekete geçirir.

Psikolojik sınırlarımızı yoklarken ve zorlarken bence unutmamamız gereken en önemli şifre şudur: **Biz bu dünyaya sadece "iyi hissetmek" için gelmedik; aksine, ne olursa olsun "iyice hissetmek" için geldik.** İster olumlu ister olumsuz olsun, tüm duygular hayatın vazgeçilmezleridir ve olumsuz olanları uyuşturan her şey, bizi eninde sonunda kendine esir eder.

Kültürel Sınırlar: Biraz yukarıda zikrettiğim "Coğrafya kaderdir." sözünün bir başka telmihi, insanın, kendisini içinde bulduğu kültürel öğelerin doğal bir neticesi olduğu gerçeğidir. Ben'i genişletmek bahsinde de detaylandırmaya çalıştığım gibi, hepimiz hayata aslında şans eseri bize özel ama bize ait olmayan bir başlangıç noktasından başlarız. Bu başlangıç koşullarının oluşmasında şüphesiz en önemli etken, ailemizin yaşadığı ve bizim yaşadığımız kültür ortamıdır. Kültür, kısaca tanımlamak gerekirse insanın hayvandan farklı olarak ürettiği ve nesilden nesile aktarabildiği her şeydir. Özellikle sözsüz, anlatılara ve paylaşımlı inançlara dayanan kültür bileşenleri; kişiliğimizin, ahlakî kodlarımızın, vicdanımızın ve akıl yürütme biçimimizin oluşmasında çok büyük pay sahibidir.

Normal ve sağlıklı bir insanın içinde yetiştiği kültürden bağımsız, onun getirdiği doğal sınırlardan azade bir düşünce üretmesi, bir davranış yahut inanç ortaya koyması imkânsız denecek kadar zor bir şeydir. Böyle bir durum, bir bilgisayarın işletim sisteminin kodları arasında hiç yer almayan bir görevi yapmaya karar vermesi kadar imkân dışıdır. Çünkü neredeyse tüm zihinsel kodlarımız, hayatımız sırasında gördüğümüz ve deneyimlediğimiz bileşenlerden oluşur. Öte yandan günümüz dünyası hiçbir insanın daha önce karşılaşmadığı bir ortamı herkese sunabiliyor: Tüm dünya ile bağlı ve etkileşim halindeyiz. İnternet erişiminin gittikçe daha düşük maliyetli hale gelmesi, her birimizi iletişim ve dil yeteneklerimiz nispetinde dünyayla akıl almaz bir düzeyde bağlı hale getiriyor. Her birimiz kocaman bir e-şebekenin düğümleri olarak davranmaya başladık. Yaptığımız her hareketin, dahil olduğumuz şebekelerdeki insanları etkilediği gibi, onların davranışları da doğrudan bizleri etkiliyor. Böyle bir ortamda elbette kültürler arası alışverişler şimdiye kadar hiç olmadığı kadar yoğun. Her ne kadar iletişimin aşırı hızı nedeniyle internet ortamındaki deneyimlerimizi sindirip içselleştirmeye pek vaktimiz olmasa da kendimizi içinde bulduğumuz ve muhtemelen yakın gelecekte çok daha katmanlı ve etkili hale gelecek olan bu devasa etkileşim mecrası, bizi şimdiye kadar hiçbir atamızı etkilemediği kadar çok etkiliyor ve etkilemeye devam edecek. Böyle bir ortamda artık "Coğrafya kaderdir." sözünün de etkisini yitirmeye başladığını görebilirsiniz.

Düşünelim: İbn Haldun'un bu tespiti yaptığı 14. yüzyıl koşullarında, sıradan bir insanın ömrü boyunca kaç kişiyle tanışabileceğini tahayyül edebilir misiniz? Yahut dünyanın geri kalanı hakkında ne kadar bilgi toparlayabileceğini? Sadece o zaman da değil, henüz 50 yıl öncesine kadar tekil insanın durumunda bu bağlamda çok fazla bir değişiklik olmadı. Dijital devrimle birlikte insanoğlu kendini, daha evvel atalarının hiç deneyimlemediği bir çeşitliliğin içinde buldu. Artık (eğer iletişim için gerekli altyapımız varsa) dünyanın herhangi bir yerinde neler olduğunu, nasıl yaşandığını anında öğrenebiliyor ve zihinsel sınırlarımızın çok ötesine uzanan bir dünyada yaşıyoruz.

Elbette iletişim yeteneklerini geliştirmiş, kendine belirli amaçlar ve hedefler koymuş, programlı ve kararlı bir şekilde ilerleyen insanların böyle bir vasatta erişebilecekleri bilgi ve görgünün neredeyse sınırı yoktur. Bu da artık bizler için "kültürel sınırlar"ın ve kültür hegemonyasının gittikçe etkisini yitireceği anlamına geliyor. Tabii ki böyle bir vasatta "küreselleşme" dediğimiz mesele en sıkıntılı ve istenmeyen boyutları ile ortaya çıkacaktır; küresel güç odakları tabii ki tüm dünya insanlarını kendi istedikleri kültürel kodlarla donatmak için var güçleriyle çalışıyorlar ve çalışmaya devam edecekler. Bu da yerel kültürlerin, otantik insanî deneyimlerin hasar görmesine ve hatta ortadan kalkmasına bile neden olabilecek (ve maalesef oluyor). Bunlar yeni çağın "nimet"lerinin doğal neticeleri. Fakat kişisel olarak, kendi ajandamız doğrultusunda faydalanabileceğimiz devasa ve eşi benzeri görülmemiş bir fırsatlar "ağı" ile de karşı karşıyayız. Bu yaygın iletişim ağının küreselleşme adı altında yarattığı etkilerden rahatsızsak bunu gidermek için belki en iyi yol, yine aynı ağın imkânlarından azami düzeyde faydalanarak zararlı olduğunu düşündüğümüz yönleri için dünya çapında etkin bir bilinçlenme ve mücadele azmi oluşturmak olabilir.

Kısacası artık en azından şehirli insan, kendini içinde bulduğu kültürün ürünü olarak başladığı hayatına öyle devam etmek zorunda değil. Bundan böyle gittikçe artan şekilde dünyadaki küresel eğilimlerin bombardımanı altında bambaşka bir sosyal etkileşim içinde yaşayacağız. Bu da bizi "kültürel sınırları aşmak" konusunda özel bir dikkat göstermek zorunda bırakır. Zira "özenti" refleksi ile kendi kültürü dışındaki her türlü farklı kültürü taklit etmeye meraklı bir ergen zihninin kısıtlılıklarının çok ötesinde, kendi kültürünün temellerine vâkıf ama dünyaya da bir o kadar açık zihinlerin, böyle bir iletişim dünyasından nasıl fırsatlar devşirebileceğini hayal edebilmemiz bile zor.

Yerel kültür elbette önemlidir; insanı insan yapan en önemli unsurdur. Fakat artık nasıl ki bilimde "disiplinler arası" çalışmalar günümüzün bilgisini şekillendiriyorsa kültürler arası insanların da geleceğimizi şekillendirmekte kesinlikle daha etkin olabileceklerini söylemek mümkün. O nedenle, özellikle gençlerimizi bu siber-kültür diyebileceğimiz ortama doğru hazırlamanın yollarını hızla keşfetmemiz ve bunları uygulamaya koymamız gerekiyor. Gerekiyor çünkü şu anda sizinle paylaşabileceğim böyle bir okuryazarlığımız maalesef yok. Oldukça geç kalınmış bu çabanın özellikle "genç uzmanlarımız" tarafından (elbette bizler gibi yaşlı "göçmen[48]"lerin fikirlerini de alarak) bir an önce masaya yatırılmasını diliyorum.[49]

Bütün bu değişimler kaçınılmaz bir şekilde gerçekleşirken, dünyanın değişmez görünen kurallarından biri olan "çeşitlilik" ihtiyacının unutulmaması gerektiğini düşünüyorum. e-İmkânlarla tüm dünyanın gittikçe homojen bir kültür oluşturmaya yüz tuttuğu günümüz şartlarında, biyolojik ve sosyal çeşitliliğin ürettiği sayısız faydayı yitirme gibi bir tehlike ile karşı karşıyayız.

48 Analog zamanlardan dijitale geçme şaşkınlığını yaşamış bizim gibi "X kuşağı" ve öncesi bireyleri kastediyorum.

49 Ek bir not: Koronavirüs salgını nedeniyle gerçekleşen dünya çapında izolasyon önlemleri çerçevesinde, bu satırların yazıldığı Nisan 2020 ayı itibariyle, kültürel sınır ve siber iletişim konusunda tüm dünya insanları ilginç bir eşik atlamasına da şahitlik etti. Ülkeler, aynı insanlar gibi birbirleri ile fiziksel bariyerler aracılığıyla ayrılırken, internetin sağladığı imkânlar sayesinde insanlar ülke sınırlarının ötesinde hiç hayal edemediğimiz bir hız ve düzeyde bağlantılı hale geldi. Burada bahsettiğim "siber kültür"ün aynı zamanda ciddi bir kitlesel manipülasyon imkânı doğuracağı gerçeğini de göz önüne aldığımızda, internet ortamında gerçekleşen iletişim mahfillerinde dahi yerel kültür ve birikimlerin önemini bir kez daha ele almamız ve dikkatle yönetmemiz gerekecek.

Tabiat, özellikle canlılık, çeşitlilik sayesinde değişen koşullara rağmen varlığını devam ettirebilir. Canlılar, her nesil ve her bireyde sürekli farklı çeşitler üreterek, öngörülemez bir dünyada her türlü olası değişime rağmen hayat denen olgunun devamını sağlayabilmiştir.

Kültürler için de benzer bir metaforla düşünmenin faydamıza olacağına inanıyorum. Dünyayı tehdit eden herhangi bir yaşamsal yahut düşünsel kriz, ancak farklı kültürlerin binlerce yıl içinde biriktirdiği farklı çözümler ve farklı bakış açıları ile aşılabilir. Kültürün homojenleşmesi ve yerel kadim birikimlerin yitirilmesi, bu anlamda insanı ciddi halde savunmasız ve kırılgan bir duruma sokabilir. Bazen, gelişmiş ve zengin ülkelerin kültürel kodları içinde çözüm bulamadıkları nice temel insanî sorunun çözüm tohumlarını, ilkel yahut az gelişmiş olarak görünen toplumların kadim değerlerinde bulabiliyoruz. Mesela kadim sufi geleneğinin, antik yazıtlarda zikredilen öykülerin, Uzak Doğu öğretilerindeki kadim uyarıların veya Amerikan yerlilerinin muhtelif deyişlerinin, günümüzün gelişmiş toplumlarının sorunlarına dair sağlayabildikleri şaşırtıcı içgörüler bu tip çözüm önerilerinin bilindik örnekleridir. Kültürel miras, tabir yerindeyse, fosil yakıtlar gibi, çok uzun zamanlar boyunca derlenen ve damıtılan, paha biçilmez bir bilgi biçimidir. Çağımızın kanımca en önemli ihtiyaçlarından biri de işte bu kadim bilgelikle bilimsel bilgiyi bir arada kullanabilme becerisinin geliştirilmesidir.

Alışkanlık Sınırları: İnsan alışkanlıklarından kurulu bir canlıdır.[50] Çoğu davranışımız bilinçsiz ve tekrarlı tepkilerden ibarettir. Ancak belirli bir sorunla karşılaşmamız halinde bilinçli duruma geçer ve o sorunu aşınca tekrar otomatik pilottaki bilinç dışı yaşamımıza geri döneriz. Bunun böyle olması bir zayıflık değil, çok önemli bir gerekliliktir. Daha önce strese ilişkin bölümümüzde bahsettiğimiz gibi beynimiz zaten çok enerji tüketen bir organdır ve özellikle bilinçli dikkat denen süreç, ön beyin devreleri tarafından yönetilen ve metabolik olarak oldukça "pahalı" bir süreçtir.

50 İnsan kelimesi, köken olarak "nisyan" (unutma) ve "ünsiyet" (alışma-alışkanlık) kelimeleriyle yakın akrabadır.

Bu masrafı en aza indirmek ve insanın zihinsel işlevlerini sürdürülebilir düzeyde tutabilmek için tüm canlılar âleminde ortak olarak kullanılan bir strateji bizde de iş başındadır. Bu strateji, karmaşıklık düzeyi ne olursa olsun tüm hareketlerimizi mümkün mertebe "*otomatik kontrol devrelerinin*" yönetimine bırakarak, bilincimizi, her an karşımıza çıkabilecek olası sorunların çözümünde devreye sokmak üzere bekleme durumunda bırakmaktır. Tabiatta çiftleşme amaçlı kur davranışları gösteren binbir çeşit canlıya, çiftleşme sırasındaki karmaşık hareket kalıplarına, avlanma ve kaçma sırasında gösterilen karmaşık motor hareketlere ve diğer tüm davranışlara bakarsak bu otomatik ve düşünmeden yapılan son derece karmaşık davranışların örneklerini bolca görebiliriz. İnsanlarda araç kullanma, konuşma, yürüme hareketleri veya ustalık gerektiren bir işi büyük bir beceriyle yaparken akışkan bir şekilde üretilen diğer tüm hareketler, çoğunlukla böyle "otomatik" neticelerdir. Bu tip davranışlar, beynin bilinç işlevlerinin erişim kapsamı dışında kalan kısımları tarafından yönetilir. Böylece beynin aşırı enerji tüketmesinin ve sınırlı olan kaynakların gerçek bir beklenmeyen durumda hazırlıksız ya da yorgun yakalanmasının önüne geçilmiş olur. Bu zaten temel düzeyde tüm canlılarla paylaştığımız ve oldukça aşina olduğumuz bir özelliğimizdir.

Öte yandan beynimizin çalışma sisteminde bilmemiz gereken temel bir süreçler dizisi daha var; o da herhangi bir olayı algılama ve o olaya bir cevap oluşturma sırasında beynimizin temel olarak nasıl bir yol izlediği. Duyularımıza temas eden herhangi bir değişken ister görme ister tat ister ağrı olsun, beynimize sinirsel sinyaller olarak gönderilir ve bundan sonrası beynin bu uyarıyı anlamlandırmasına ve ardından da verilen anlama uygun bir yanıt oluşturulmasına kapı açar. Kabaca bu temel basamaklar, her an, saniyenin kesirleri içerisinde sayısız kez gerçekleşen süreçlerin hepsinin ortak özelliğidir. Bir an durup bu temel basamaklara odaklanınca, alışkanlıklarımız dediğimiz davranışlarımızın nelerden oluştuğunu biraz daha net anlayabiliyoruz.

Genel olarak bakınca gündelik hayatımızdaki herhangi bir davranışımızı, o yaptığımız şekilden farklı olarak sayısız biçimde yapabileceğimizi fark ederiz. Mesela bir şişenin kapağını açma işi ayaktayken, otururken, tek ayak üstündeyken, gözümüz kapalıyken, ıslık çalarken, sırtımız bir yere yaslı veya dik durumdayken gibi farklı şartlar altında ve bunların sayısız farklı kombinasyonları söz konusuyken yapılabilir. Bu iş için elimizi, ağzımızı, bir yardımcı aracı ve daha birçok şeyi kullanabiliriz. Bu çeşitlilik, beynimizin aşırı gelişmiş bağlantı repertuvarı sayesinde mümkün olur. Ama her sıradan hareket için bu kadar çok alternatifi düşünüp de bir karara varmak verimli bir strateji olmadığından, beynimiz o andaki duruma ve ihtiyaçlara binaen en kestirme ve ekonomik çözümü otomatik olarak seçer. Bu otomatik seçim için genellikle bilinçli bir hesap kitap süreci kullanılmaz. Zira bilinçli dikkat kıymetli bir şeydir ve her an zuhur edebilecek daha önemli sorunların çözümü için beklemede bırakılır. Bu tip günlük davranışlar repertuvarında çoğu zaman bilinçli dikkatimizin orada olmasına gerek bile yoktur.

Mesela dün, uyandığımız andan uyuyana kadar neler yaptığımızı bir düşünelim. Hafızamızı bir yoklayarak detayları hatırlamaya çalışalım. Koca bir gün yaşamıştık ama muhtemelen pek az bir kısmını net hatırlayabileceğiz. Detaylar çoğu zaman silik ve belirsizdir. (Balkonda otururken ne tip sesler duymuştunuz? İzlediğiniz filmin yirminci dakikasında ne olmuştu? İşinize yahut okulunuza giderken bindiğiniz araçta neler gördünüz?) Çoğumuz "dün sabah kahvaltısında veya akşam yemeğinde ne yediğini" bile hatırlamakta zorlanabilir. Zira dünün büyük kısmı işte bu bilinç dışı ve otomatik karar verme devreleri ile yarı uykuda geçmiştir.

Peki, hayatınızda büyük değişikliklerin olduğu bir günü hatırlayın. Mesela ilk kez tek başınıza yurt dışına çıktığınız veya üniversiteye başladığınız gün gibi günleri düşünün. Yahut hayatınızın aşkıyla ilk randevunuzun gerçekleştiği günü şöyle bir gözünüzün önüne getirin. Hatıralarınızı yokladığınızda, yıllar geçmiş olsa bile böyle günlerin birçok kısmını net olarak hatırlayabildiğinizi fark edeceksiniz. Zira bunun gibi durumlarda "beklenmeyen" birçok şey gerçekleştiğinden ve "beklentilerimiz" o yeni durumun ihtiyaçlarını karşılayamayacağından, bilincimiz çok daha yoğun olarak devrededir. Uyanık ve bilinçli dikkatimiz, sorunsuz bir şekilde bu yeni duruma uyum sağlayabilmemiz, en uygun davranışları seçip uygulayabilmemiz için tetikte ve faaliyettedir. Bu tetikte olma durumunun en büyük sorumlusu ise üst düzeyde çalışan uyarıcı duygusal sistemlerimizdir. Yani duygusal sistemler aktif olduğunda, bilincimizin dikkat ve bellek kayıt kapasitesinde belirgin bir artış olur. O nedenle, böyle zamanların hafızamızda kaydedilmiş anıları, sair günlere göre çok daha fazla ve detaylıdır.

Buradan hareketle, en son ne zaman "beklenmedik ve sıra dışı bir gün" yaşadınız? Eğer yakın zamanlarda böyle bir deneyim yaşadıysanız veya hayatınızda böyle günlerin sayısı çoksa oldukça şanslı olduğunuzu söyleyebilirim. Zira bu satırları okuyan insanların dahi[51] önemli bir kısmı pek uzun zamandır böyle bir deneyimi yaşamamış olabilir. Eğer zihnen geriye doğru gittiğimizde, hatırlayabileceğimiz anıların sayısı fazla ise zengin bir yaşam deneyimi biriktiriyoruz demektir. Bu özel bir hediyedir çünkü artık insanların büyük bir çoğunluğu bilinçsiz alışkanlıklardan kurulu bir hayatı, uykulu ve dağınık bir zihinle yaşamaya mahkûm edilmiş gibidir.

Peki, bunun ne zararı var? Yaşadığımız her şeyi hatırlamamak güzel bir şey değil mi? Sürekli bilinçli ve dikkatli olmak gerekli mi? "Zaten herkesin doğal hali" olan bu durumla ilgili bu kadar konuşmaya ne gerek var? Biraz düşünürsek bir kez geldiğimiz ve kısacık bir süreyle misafir olduğumuz şu dünyadaki hayatımızı "nasıl" geçirdiğimiz, hayat kalitemizi ve hayata dair doyumumuzu belirleyen tek etkendir. Alışkanlık ve otomatikleşmiş davranış kontrol devrelerinin hükümranlığı altında geçen bir hayat, çok kısıtlı bir tepki repertuvarı ile sınırlanmış ve daraltılmış bir hayattır.

Alışkanlıkları kırmak, rutinleri zorlamak ve değiştirmek her zaman en zenginleştirici ve en geliştirici deneyimlerin kapısını

51 Bu tarz kitapları okuyan kişilerin bir hayli marjinal bir kitle olduğunu da hatırlamak lazım. Zira rutinler ve alışkanlıklar içinde yaşamaya alışkın insanların çoğunluğu, böyle konulara istek duyabilecek zaman ve enerjiyi çoğu zaman bulamayabiliyor.

aralar. Hep aynı sorgulanmamış döngüler içinde yaşamak algı, düşünce ve tepki sistemlerinin hep aynı tekrarları sergilemesine neden olur. Bunun sonuçları ise çoğu zaman pek acıdır. Elbette yaşarız; canlılığımızı sürdürürüz. Fakat sırf zihnimizin otomatik algı ve yönetim devreleri nedeniyle önümüzdeki yeni fırsatları göremez, hayat amacımızı gözden geçiremez, çok daha iyi ve doyum içinde bir hayat kurabileceğimizi fark edemez, bizi sıkan yahut üzen şeyleri bir türlü değiştiremez, "mutluluk" sandığımız nice kölelikten kurtulamaz, anı biriktiremez ve neticede *buradan giderken* kendimizi çoğunlukla "hevesi kursağında kalmış", sürekli beklemede yaşamış, her şeyi ertelemiş ve belki de pişmanlıklarla dolu bir insan olarak bulabiliriz.

Bunların ötesinde, çok daha pratik olarak, değişimlere uyum sağlayabilme becerimiz de yine bilinçli yaşam düzeyimizle yakından ilintilidir. Beklenmeyen durumlarla karşılaştığında, alışkanlık sınırlarının dışına çıkamayan insanlar hızla "kurban" psikolojisine geçiş yaparlar. Alıştıkları rutinlerin bozulması onlarda donma etkisi yaratır. Bu sınırların dışında gezinmeye alışkın olanlarda ise beklenmeyen haller, dürtükleyici ve harekete geçirici bir vesile haline gelir. Durumun vahametinden bağımsız olarak, şikâyet edip sızlanarak olduğu yerde beklemeyi reddeden bu tip insanlar, çoğu zaman diğer birçok insanın aklına bile gelmeyen yeni çözümleri hayata geçirebilme konusunda daha "şanslı" veya "hazırlıklı"dırlar. Elbette tüm insanların böyle bir karakterde olmasını beklemek gerçekçi değildir. Beklenmeyen olumsuz durumlar karşısında kimileri biraz daha pasif kalırken, bazılarımız daha hareketli hale geçebilir. Burada önemli olan bizim durumumuz ne olursa olsun, makul ve işe yarar davranış tipini, biz yapamasak bile, en azından biliş düzeyinde fark edebilmektir. Zira bu tip "zor zamanlar"da "fail" karakterli insanlar liderlik rolünü kaçınılmaz olarak üstlenirler ve kendilerindeki bu yetinin kıymetini bilen diğer insanlara da çeşitli çıkış yollarını gösterebilirler. Bir yol açamıyorsak yoldan çekilebilmek için bu iki tip psikolojik ucu iyi tanımamız gerekir.

Aslında temel sorunumuz, bu "konfor" medeniyetinde artık farklılıklara ve kaosa alışkın olan, onunla baş etme yeteneklerini haiz insanların sayısının hızla azalması olsa gerektir. Zira fabrika ayarlarımızdaki adeta en temel varsayılan ayar olan belirsizlikle baş edebilme becerisi, modern zamanlarda hiç kullanılamadığından, çocukluğumuzdan itibaren yavaş yavaş bizi terk edebiliyor.

Çocuklarımızı yetiştirirken onlara yapabileceğimiz en güzel yatırımlardan biri, otomatik davranış ve düşüncelerini sorgulama alışkanlığı kazandırabilmektir. Elbette bunun için önce ebeveynlerin böyle bir deneyimi içselleştirmiş olması şarttır. Malumunuz, aynı şeyleri sürekli farklı şekillerde yapmak, plansız ve programsız seyahatlere veya maceralara adım atmak, sıklıkla alışkanlıkları değiştirebilmek ve yeni davranış biçimleri keşfetmek, zihinsel çeşitliliğimizi arttırır. Tüm kitap serimiz boyunca bolca vurgu yaptığım çeşitlilik işte burada da faydalarını gösterir.

Canlı sistemlerin milyarlarca yıl boyunca varlığını devam ettirmesinin altında yatan temel özellik olan çeşitlilik, canlılığın her türlü değişim ve çevre şartlarındaki farklılıklara rağmen varlığını bugünlere kadar sürdürebilmesinin ardındaki esas sırdır. Bundan alınabilecek basit bir dersle, **davranış repertuvarımızın çeşitliliği, değişimle baş etme ve uyum sağlama yeteneğimizin temelini oluşturur**. Psikolojik sınırlar başlığı altında da bahsettiğimiz gibi, duygusal istikrarımız dahi davranış ve düşünce çeşitliliğimizden beslenir. Bu çeşitlilik ise konforu biraz terk ederek, bile isteye, yeni davranış ve düşünce kalıplarını deneyimlemekle sağlanabilir.

Alışkanlıklardan bahsetmeyi bitirmeden önce bir kez daha "kafa konforu" sağlayan "düşünce alışkanlıkları"na vurgu yapayım. Doğru bildiğimiz ama üzerinde pek düşünmediğimiz birçok yargımız hayata bakışımızı sürekli şekillendirir.

Mesela:

"Demokrasi en iyi yönetim biçimidir."
"Kıskançlık ilkelliktir."
"Her alanda kadın ve erkek eşitliği sağlanmalıdır."

"Doğayı korumalıyız."
"Modern tıp sayesinde insan ömrü belirgin olarak uzadı."
"İnsan düşünen bir canlıdır." gibi beylik söylemler üzerinde biraz "düşününce", büyük "arızalar" çıkabilir. Bu arızalar bize yepyeni fikirlerin kapısını açsa da bizi bu tip zorlanmalara sokacak vesilelere çoğumuz pek nadiren kulak veririz. Zira bu zorlanma ve arızalar can sıkıcıdır ve bizler o rahatsız yere geçmemek için her türlü bahaneyi kullanmaya adeta programlıyızdır.

Bu sade gerçeği fark etmek, bu programı "hack" etmenin başlangıcıdır.

Bilinmezlik Sınırları: Beyinler, öğrenme uzmanlarıdır. Her canlının sinirsel sistemi, o canlının tabiatta işine yarayacak bilgi ve deneyimleri kalıcı bir şekilde kazanmasını mümkün kılacak kayıt ve dönüşüm (plastisite) yetenekleri ile donanmıştır. Bundan dolayı beyinler aslında temelde "hareket kalıplarını öğrenen" sistem veya organlardır. Aslında "olayların iz bırakması" anlamında, her şey, tüm maddesel nesneler "öğrenir". Mesela bir kaya parçasının yüzeyindeki izler, içindeki farklı katmanlar ve o kayanın şekli, aslında o kaya parçasının geçmişine dair sayısız izin birleşmesiyle ortaya çıkar. Bir başka deyişle, her maddî nesne bir bellek taşır. Canlı sistemler ise bu bilgiyi tekrarlanabilir ve uygulanabilir deneyimlere dönüştürürler.

Sinir sistemleri bu işlevin en dikkat çekici olarak ortaya çıktığı sistemlerdir. Dinamik olarak değişen sinirsel bağlantı yapıları sayesinde deneyimlere göre uyarlanan sinirsel doku, yaşanan deneyimleri belirli kalıplar dahilinde yaşamsal kayıtlara ve uygulanabilir aksiyonlara dönüştürür. Limon gördüğümüzde ağzımızın sulanması böyledir: Bizim için besleyici ve keskin tadı olan bir nesneye dair görsel veya düşünsel düzeyde de olsa bir uyaran geldiği zaman, beynimizin dip kısımlarındaki karmaşık devrelerin yaptığı otomatik değerlendirmeler neticesinde, ağzımıza açılan kanallar aracılığıyla sıvı tükürük salgılanır. Fakat bu bizim gibi "limon sever" canlılar için geçerlidir. Bir kertenkelede böyle bir limon refleksi görmeyi beklemeyiz. Zira onun yaşamsal döngüsü içinde limon, bizde olduğu gibi bir uyarıcı değildir. Bu açıdan bakarsak, beyinlerin bilgileri "belirli model ve kalıplar" uyarınca alıp işlediğini fark ederiz, yani her beyin her şeyi olduğu gibi algılayamaz. Buna gerek de yoktur zira canlıların yaşayabilmeleri, çevrelerinden gelen uyarılar arasında kendi faydalarına olacak "seçimler" yapmalarını gerektirir.[52] Bir kedinin, sokağa atılmış bir kitaba yaklaşıp onu koklaması fakat okuyamaması bundandır. Kediler için bir şeyin yenilip yenilemeyeceği daha önemlidir. O kitapta yazılı olan metin ise kediler için değil, insanlar içindir.

Bizim zihin ve beyinlerimiz benzer bir mantıkla organize olsa da ileri düzey bilişsel bir canlı olmak, durumu daha bir karmaşık hale getirir. Zihinsel şartlanmalarımız, neyi görüp neyi göremeyeceğimize, neyi duyup neyi duyamayacağımıza, neyi düşünüp neyi düşünemeyeceğimize sürekli karar verir. Bazen zihnimizin şartlanmaları izin vermeyince en bariz işaretleri bile göremeyiz. Mesela insan dışındaki hayvanların "duyguları olmadığına" inanan biri, hayvanlardan gelecek her türlü tepkiyi başka açıklamalarla yorumlama veya görmezden gelme eğiliminde olacaktır.

Belki şaşırtıcı gelecek ama laboratuvarlarda hayvan deneyleri yürüten araştırıcıların büyük bir kısmı böyle bir şartlanma ile davranır. Bir dönem, özellikle davranışçılık akımının baskın olduğu zamanlarda, insanlar dahil tüm canlıların sadece uyartılara tepki veren otomatlar olduğu fikri, yaygın kabul gören bir bakış açısıydı. Bu garip bakış açısı, davranışçı ekole göre düşünen insanların duygusuz yahut aptal olmasından kaynaklanmıyordu; sadece sade bir kabulle bakıyorlardı meseleye: "Gördüğümüz davranış kalıplarını açıklayabilecek sade bir model işe yarıyorsa onunla yetinilmeli ve hayvanlara insanlarda olduğu gibi duygu farkındalığı atfetmenin "insan merkezli" (antropomorfik) bir yanılsama oluşturacağı unutulmamalı.[53]"

52 Gerçekliği neden ve hangi modellerle algıladığımız konusunda kısa bir giriş için "*Unutulacak Şeyler*" adlı kitabımın "Dünya Denen Arayüz" başlıklı bölümüne göz atmanızı tavsiye ederim.

53 Detaylar için davranışçılığın klasik metinlerinden biri olan J.B. Watson imzalı ve 1930 tarihli *Behaviorism (Davranışçılık)* kitabına bakılabilir. (University of Chicago Press)

Aslında iyi niyetli bir sınırlama çabası olarak da görülebilecek bu çerçeve, maalesef sıklıkla "insanlarda bile aslında duygu diye bir şeyin olmadığı" noktalarına kadar varan yorumlara neden olabilmişti. Duyguların içsel farkındalığının hayvanlarda var olmadığına bilinç dışında bile inanıyorsanız, karşınızda sizden merhamet isteyen yahut sizi sevdiğini göstermeye çalışan bir canlının davranışlarını anlamanız beklenemez. Kısacası, zihnimiz neye izin veriyorsa "biz" onu algılayabiliriz.

Aynı mesele dünya algımız için de geçerlidir. Bazı şeyleri öğrenmemiz gerektiğini düşünürken, bazı bilgi alanlarının bizimle ilgili olmadığını düşünürüz. Bu iyi bir şeydir zira dünyanın ve insanlığın tüm bilgisini eşit olarak öğrenmeye değer veya öğrenilmesi gerekenler kategorisine alsaydık, hayat çekilmez olurdu. Buna engel olmak için, bilmemiz gereken şeylerin ve bize gerekli olmayan bilgilerin neler olduğuna dair zihinlerimizde kabaca bir "harita" yahut "yönergeler sistemi" olduğunu söylemek mümkün. Bu sistem, bizim neye dikkat edip neyi göz ardı edeceğimize, neyi merak edip neyi boş vereceğimize karar verir ve arka planda sürekli çalışır. Öte yandan böyle bir yönergeler dizisinin her zaman bizim "faydamıza" iş görebileceğini söylemek zordur. Varlık amacı sadeleştirme ve odaklanmaya yardımcı olmak olan böyle bir seçme sistemi, doğru kıstaslarla ayarlanmadığı ve zamanla gözden geçirilmediği takdirde bizi kolaylıkla bir "bağnaz", "cahil" ve "aptal" haline getirebilir.

İçinde büyüdüğümüz kültür, inançlar, gelenekler ve tabii ki eğitim, zihnimizin "neleri bilmeye değer, neleri gereksiz" görmesi gerektiğini dikte eden sayısız kod içerir. Bu kodlar, önceden de bahsettiğimiz gibi bebekliğimizin ilk günlerinde şekillenmeye başlayan "sanal başlangıç benliğimizin" ilk sınırlarını çizer. "Ben'i Genişletmek" başlığında konuştuğumuz gibi, zamanla bu tanımlarda olabilecek değişimler, bizim öğrenme ve deneyim alanlarımızı da genişletecek ve bizi daha erişkin-bilge bir insan olma yönünde değiştirecektir. Fakat kendisi ve bu bilmeye dair gizli "yönergeler sistemi" üzerinde hiç çalışma fırsatı olmamış yahut bilgi ve dikkat alanını geliştirmek için hiçbir meydan okumayla yüzleşmemiş olanlar için, dünya sadece algıladıkları daracık bir anahtar deliği görüntüsünden ibaret kalacaktır.

Bilme sınırlarının zorlanması o nedenle insan için hayatî öneme sahiptir. Başka herhangi bir canlının ihtiyaç duyacağını pek tahayyül edemeyeceğimiz bu özellik, insan için yaşamsaldır. Herhangi bir konuda yeterince derinleşildiği takdirde, o meselenin dünyadaki neredeyse tüm bilgi alanlarıyla ilişkili olduğunu fark ederiz. Tabiat ve bilgi konusu olan her şey, yüzeyin derinine inildiğinde, diğer her şeyle, tüm varlıkla bağlantılı hale gelir. Meseleleri birbirine bağlama ve onlardan bütüncül bir anlam oluşturma mânâsındaki "akıl" melekesi, doğru işlev görebilmek için bu detaylara muhtaçtır.

Akıl, bilinenler arasında bağlantı kurma işini otomatik ve içgüdüsel olarak yapar. Elindeki verinin yeterli olup olmaması ya da bilgileri birbirine bağlayacak ara malumatın var olup olmaması çoğu zaman problem değildir. Arada dağlar ve vadiler gibi boşluklar olsa da aklımız, zihnimizdeki o boşlukları "zanlar" gibi zihinsel çimento malzemeleri ile kapatan bir boşluk doldurucu gibi çalışır.[54] Bu boşlukları dolduran "şey"e dair "çimento" benzetmesini boşuna yapmadım çünkü bu dolgu öyle bir şeydir ki zanlarla araları doldurulan bilgi parçalarından oluşan "fikir ve görüşler" eğer zamanında müdahale edilmezse adeta betonlaşarak zihnimizi düşüncemiz açısından bir hapishaneye çevirebilir. Halbuki her an, her fırsatta "Ben bunu nereden biliyorum?" sorusu ile aklımızdaki kavram ve yargılara odaklanmamızı sağlayacak iç çalışmalar, o "zan çimentosu"nun kuruyup da kaya gibi sert bir betona dönüşmesinden önce müdahale etme ve o ara zihinsel boşlukları gerçek deneyim ve bilgilerle doldurabilme imkânı tanır. Zira üzerinden yıllar geçmiş ve üzerinde hiç çalışılmamış sabit fikir ve yargılar, artık değiştirilmesi pek zor, hatta çoğu zaman imkânsız kalıplara dönüşebilir. İşte o kalıplar, özgür düşüncemizi daracık bir alana hapseden zihin hapishanemizin duvarlarını oluşturur.

---

54 Detaylar için bkz. S. Canan, *Değişen Be(y)nim*, Tuti Kitap, 2015, s. 210-216. (9. Bölüm: Duyuların Dünyası - Boşluk Dolduran Beyin)

Yüzeysel bilgi seviyeleri ile yetinmenin ve "tecessüs" göstermeden, bilineni yeterli addetmenin büyük sakıncası, temelsiz fikirler inşa etmek ve hayatı o fikirler üzerine kurgulamaktır. Bu tip sabit fikirler, hayatımızın ve düşüncemizin sınırlarını belirler. Bunun en temel bileşeni ise lisandır. Daha önce de vurgulamaya çalıştığım gibi, lisanımızı zenginleştirmek, dar da olsa bir bilgi alanında elimizden geldiğince derinleşmeye çalışmak, soruların bizi götürdüğü her yere gidebilme cesaretini muhafaza etmek, zihnimizin bilme sınırlarını sürekli genişletebilmemize imkân verir.

İslâm kültüründe "gayb" olarak bilinen kavram, bilinmeyene işaret eder. (Türkçedeki "kayıp" sözcüğü bu kökten türemiştir.) Bilinmezi ifade eden bu kelime, mutlak değil, bağlamsal olarak bilinmeyeni anlatır. Yani bilinmez olan; uygun sorgulama, gözlem ve akıl yürütme araçları ile çeşitli derecelerde bilinir hale gelebilir. Yine "gayb perdesi" olarak adlandırılan bilebilme sınırı da bu bağlamda "esnek"tir. Biz gayret ettikçe, baktıkça, aklettikçe ve öğrendikçe adeta "açılır ve genişler". Evrenleri kavrayabilecek enginlikte bir âlem olan insan zihni, üzerinde çalışılmadığı takdirde böyle zanlar arasına sıkışmış ve gayb perdeleri içinde "kaybolmuş" bir varlığa dönüşme tehlikesi taşır. İşte bu nedenlerle, bilme sınırlarımızı devamlı esnetmeye çalışmak, öğrenmek ve düşünmek en temel meşgalemiz olmalıdır.

Bazı şeyleri bilemeyiz. Bunu biliyoruz. Hatta bu yönde bilimsel olarak kanıtlarımız da var.[55] Öte yandan bilebileceğimiz, bilmemiz gereken, öğrenebileceğimiz ve öğrenmek durumunda olduğumuz pek çok şey var. Fakat ne çare ki "bu benim işim değil" anlayışı, hayatî soruları sormaktan ve yaşamımızı değiştirecek, belki de (hayırlı bir yönde) altüst edebilecek bilgilere ulaşmaktan bizi sürekli men eder. "Biliyorum." demek, daha evvel detaylandırdığımız gibi, bizi cahilleştirir. Özellikle insanın ne olduğu,

55 *Kimsenin Bilemeyeceği Şeyler* (Tuti Kitap, 2015) kitabımda, kitapla aynı adı taşıyan son bölüm bu konuya ayrılmıştır. Özetle; kaos kuramı bize doğal ve kaotik olayları neden uzun vadede öngöremeyeceğimizi gayet açık ve net bir şekilde gösterir. O nedenle (*İFA-1. Kitap: Beden*'in giriş bölümünde bahsettiğim gibi) doğal olayların zamansal kaderi uzun vadede bizim için bilinirlik sınırlarının dışında kalmaya mahkumdur.

kendimizin nasıl bir varlık olduğu bilgisine hizmet edebilecek tüm bilgiler son derece kıymetli ve dönüştürücü bilgilerdir. Bilgi karşısında tevazu, minnet ve gayret, insana en yakışan haller arasındadır.

Bilimsel Sınırlar: İçinde yaşadığımız evrenin işleyiş mantığını çözebilmek için elimizdeki en iyi, en kullanışlı ve en anlaşılır araç, şüphesiz bilimsel yöntemdir. Bu açıdan "tek" olmasa da,[56] verdiği hizmetin tekrarlanabilir, insanlar arasında iletilebilir ve sınanabilir olmasıyla özel bir ilgiyi hak eder. Bilimin sorduğu sorular sayesinde çevremizdeki ve kendimizdeki işleyişleri her geçen gün daha iyi anlıyoruz. Bilimin ayrılmaz bir parçası ve meyvesi olan teknoloji de bu nedenle gittikçe hayatımızın ayrılmaz bir parçası haline geliyor. Bugünlerde her şeyi ama her şeyi bilimsel olarak sorgulayabiliyoruz. Net cevaplar çoğu zaman alınamasa da öğrendiklerimiz bizi sürekli yeni ve daha odaklı sorular sormaya yönlendiriyor.

Bilim ve teknoloji, son tahlilde gayet tabii ki insana bağlı faaliyet alanlarıdır. Her insan faaliyetinde olduğu gibi, insanî sınır ve kusurlardan onlar da payını alır. İnsanın özellikle "sınırları aşma" güdüsünün bir ürünü olarak ortaya çıkan sorgulama ve öğrenme faaliyeti; zaman içinde bu faaliyetin metotlarından biri olan bilimin ve onun ürünü olan teknolojinin fayda-zarar gözetmeksizin çılgınca ilerleme göstermesine neden oldu. İçinde yaşadığımız dönem bu ilerlemenin gittikçe hızlandığı ve artık insan zihninin kavrayış sınırlarının ötesine taştığı bir zaman dilimi. "Sınırları aşma" güdüsünün en temel ihtiyacı, doğru ve insanlığın (ve elbette tüm ekosistemin) faydasına olabilecek yolların özellikle tercih edilip, zararlı olabileceklerin kontrol altında tutulabilmesidir.

Günümüzün bilim ve teknolojisi, tabiri caizse, "yapıyoruz çünkü yapabiliyoruz" felsefesi ile ilerler. Hız ve kâr ana odağıdır; öyle

---

56 Bir daha vurgulamakta fayda var: Bilim, evreni anlamanın tek yolu değildir. Duygular, sezgiler, inançlar, felsefe ve sanat gibi daha birçok "bilgi" kaynağı mevcuttur. Fakat buralardan alınan bilgiler, bilimsel bilgiden farklı olarak kişiye özel, daha belirsiz ve öznel alana aittir. Bilimin gücü ve işlerliği, büyük oranda odağını dar ve indirgenmiş parçalara yöneltmiş, insanlar arasında ortaklaşa kullanılabilen bir metodoloji olmasından gelir.

pek bir "üst endişe" taşımaz. Doğru yanlış, faydalı zararlı, ahlakî veya gayriahlakî gibi ikilemlerin çoğu, maddî ve modern kıstaslara göre şekillenir. Belki başka yüksek endişeleri taşıyan ilkeli insanlar bilim camiasında çokça bulunur ama bilim ve teknoloji, kapitalist sermayenin elinde ve desteğinde ancak onun doymaz iştahını tatmin edecek aşırılıkların aracı haline dönüşür. Bugün de sistem içinde baskın olarak gözlemlediğimiz sonuç maalesef kabaca budur.

Etik ve ahlakî değerlerin çoğu zaman sözde ve küçük ölçekte muteber olduğu, küresel sistemde ise yıkıcı, kirletici, hayat kalitesini olumsuz etkileyici sonuçların ne çare ki baskın gelmeye başladığı bu minval, bize yeni şeyler düşündürmeli. "Yapabiliyor olduğu için yapma" güdüsü, otomatik pilot dürtülerimizden bir başkasıdır. Etik değerlere sıkı sıkıya bağlı, küresel fayda-zarar muhasebesini dikkate alan, doğru ve yanlışı bilgece tartıp adımları ona göre atmamızı sağlayabilecek dirayetli kararlarla ilerleyen küresel bir bilim ve teknoloji hayal edebilmek, gerçekten devrimci bir hayal ve büyük bir "sınır aşımı" olurdu. Bariz bir ütopya olsa da bu resim, kurtuluşumuzun reçetesidir. Zira böyle "bayır aşağı" bir ilerleme devam ettikçe, insanlık olarak kendimizi çok yakın zamanda bir uçurumun dibinde bulmamız işten bile değil. Bu nedenle bilimsel sınırları, bilinmezleri zorlarken, sınırlılıklarımıza da özel dikkat sarf etmemiz gerektiğini düşünüyorum.

Einstein'ın da vurguladığı gibi, günümüz insanının elinde bilim, üç yaşındaki bir çocuğun elindeki jilet kadar işlevseldir. Nasıl ki öyle bir çocuğun elini yüzünü kısa sürede yaralamaması için bir mucize gerekliyse, bugünkü bakış ve anlayış tarzımızla giriştiğimiz fütursuz bilme ve teknoloji yarışının bizi sahil-i selamete çıkarması o derece bir mucize olurdu! İnsanı doğru dürüst anlamadan insana bilgi ve teknoloji ürettiğini düşünmek, olsa olsa saflıktır. Bugüne kadar ürettiğimiz hemen her devanın, deva olduğunun katbekat fazlasıyla derde neden olması, bir şeylerin yanlış gittiğini gösteriyor. Dünyadaki kirlilik, gelir dengesizliği, emek sömürüsü ve küresel kâr şehveti, yaşam alanımızı gittikçe daraltıyor. İşte böyle bir dünyada en öncelikli işimiz, insanı en temel ihtiyaçları ve donanımıyla yeniden ele alıp tanımak. Her ne işle uğraşıyor olursak olalım, *İnsanın Fabrika Ayarları* çerçevesinde ele almaya çalıştığım özellikleri iyi anlamak gerekiyor. Aksi takdirde doğamızla girişeceğimiz "kaybedeni baştan belli olan" savaşlarla, yanlış sınırları zorlayarak felaketimizi hazırlamaya ve hazin sonumuzun gelişini hızlandırmaya devam edeceğiz.

Bilimsel sınırlar başlığı altında dokunmamız gereken bir başka konu ise bilimsel bilginin sınırları meselesi. Elbette bu kitabın kapsamı için çok ama çok geniş kalan, hatta bilim ve bilim felsefesi hakkında kaleme alınmış ve söylenmiş tüm sözleri içermesi gereken bir konu bu. Fakat buradaki dokunma gerekliliği, bilimin günümüzün en gözde bilgi edinme aracı olarak görülmesinden ve insana dair birçok bilgi alanını dışarıda bırakma pahasına, çağın tek bakış açısı olma makamına yerleşmiş olmasından kaynaklanıyor.

Elbette bilimsel bilgi önemlidir. Zira en rahat anlaşılabilir, paylaşılabilir, tekrar edilebilir ve sınanabilir yöntemimizdir. Fakat herhangi bir mağazadan aldığınız herhangi bir ürün bu denli sade ve kullanışlı ise onu çok fazla işte kullanamayacağınızı da peşinen kabul etmelisiniz. Mesela çatal böyle bir araçtır. Kullanımı çok basittir, köfte yemek için harikadır ama konu çorba olduğunda mecburen işlevsiz kalır. Dikkat edin; çatalın işlev dışı kalması için "yemek yeme" alanının dışına çıkmamıza bile gerek kalmadı. İşlevselliği belirli bir alana indirgenmiş her araç, sorun çözme açısından sınırlı seçenekler sunar.

Bilim de işte biraz çatal gibi bir şeydir; kolay öğrenilir, kolayca uygulanır, sonuçları kolayca anlaşılır ama o aslında "küçük sorular" için tasarlanmıştır. Şeylerin nasıl olduğunu adımlarla, indirgeyerek, parça parça incelemek içindir. Oysa ki bilim, pek sıklıkla yapılan yanlış bir kullanımla "büyük sorulara" yanıt vermek için zorlandığında, çatalla çorba içmeye çalışmak gibi bir garabet oluşur. Bu artık o aracı kullanmak değildir, bilakis kötüye kullanmaktır. Bilimi ve bilimin sonuçlarını bağlamından kopararak büyük sonuçlara yamama çabalarının nihayeti bu nedenle eninde sonunda hep hüsran olacaktır.

Peki, bilim bu kadar sınırlıysa biz her şeyi onunla nasıl bileceğiz? Muhtemelen bilemeyeceğiz veya yakın bir zamana kadar bilim, bugünkü haliyle bizim o büyük sorularımıza çözüm üretmekte yetersiz kalacak. Belki uzunca bir süre sonra en temel ve büyük sorulara bazı yanıtlar verebilecek ama şu kısacık ömrümüzde, büyük sorularımıza hiçbir yanıt bulmamaya razı olamadan buradan gitmeyi kaçımız kabulleneceğiz? Hemen her bilimsel makalenin sonundaki bitiriş cümlelerinde olduğu gibi "Konunun daha iyi anlaşılması için ilave çalışmalara ihtiyaç vardır." tarzındaki ifadeler, hangimizde sonsuz bir sabırla kabul görecek? Elbette bilim insanı iseniz bu jargonda bir tuhaflık bulmazsınız çünkü bilim bizzat böyle ilerler. Ama "insan" olarak, büyük sorularımızın cevabını aramak, çoğumuzun hayatının merkezinde yer alan temel bir ihtiyaçtır. Bu ihtiyacı bütün hayatımız boyunca görmezden gelemeyiz. Bu gerçek karşısında "Bilim bir gün her şeye cevap verecek." şeklindeki temelsiz ve kanıtsız inançlar bir anlam ifade etmez. Zira o bir gün, muhtemelen bizim canlı olarak erişemeyeceğimiz bir gündür!

Burada hemen "Bilimin dışında elimizde ne var?" sorusu kaçınılmaz olarak gündeme gelir. Bu kadar kesin, bu kadar objektif, bu kadar yanlışlanabilir başka bir aracımız var mı? Elbette yok. Fakat eğer arayışımızı bu kıstasları biraz esneterek sürdürürsek bir şeyler bulabilme ihtimalimiz artar. Mesela daha az kesin, biraz öznel, bilimsel olarak sorgulanması (imkânsız değilse bile) zor, hata payı biraz yüksek bir başka araç bulabilir miyiz?

Kıstaslarımızı bu yönde biraz esnettiğimizde bir anda farklı seçenekler beliriverir. Çağlar boyunca insanlığın değişik amaçlarla geliştirdiği, uzun zamanlar boyunca kullandığı ve güvendiği birçok teknik ile bilgi dalı dikkatimizi çekmeye başlar. Astroloji, insan tasarımı (human design), Enneagram[57], spiral dinamikler, ilm-i

57 Kişilik tipleri ve bu tiplerin temel özelliklerine dair bir tanımlama alanı olan Enneagram; benim yakından ilgilendiğim ve kullanım alanlarını bir süredir

sîma (yüz biçimlerinden karakter tahlilleri) gibi farklı isimler altında muhtelif bütüncül (holistik) yaklaşım ve daha birçok ilginç başlık karşımızda resmigeçit yapmaya başlar. Bu tarz "bilgi" alanlarının ortak yönleri, eski zamanlarda ortaya çıkmaları ve dikkate değer bir süre boyunca (bilimsel devrime kadar) insanlığın yaygın olarak kullandığı araçlar olmalarıdır. Çoğunun çıkış kaynağı ve zamanı belirgin olmadığından bu tip bilgi alanlarını topluca nitelemek için Arapça kökenli "kadim" kelimesi sıklıkla kullanılır. Dolayısıyla kadim bilgi; kaynağını tespit edemeyeceğimiz kadar eskilere dayanan ve insanların bilgi edinmek için uzun dönemler boyunca faydalandığı farklı yöntemleri topluca belirtmek üzere kullandığımız bir nitelemedir.

Kadim bilgi, doğruluğunu muhtemelen hiçbir şekilde kanıtlayamayacağımız muhtelif kaidelerden, gayet isabetli tahminlerden, çeşitli öngörülerden ve adeta "deli saçması" diyebileceğimiz iddialardan oluşan karmakarışık ve bulanık bir havuz gibidir. Hele ki bilimsel yöntemlerle incelemeye kalktığınızda büyük bir anlamsızlık yaşamanız çok kuvvetli bir ihtimaldir. Zira bilimsel bilgi ile kadim gelenekler arasındaki en temel fark, bilimin indirgeyici yönteme yani parçalara bölerek inceleme yöntemine dayanmasıdır. Kadim gelenekler ise hemen her zaman "bütüncül" ve "örüntüsel"dir. Büyük zaman dilimlerinde son derece sabırla ve yavaş bir ritimle yapılan özenli gözlemler sonucunda,

merakla araştırdığım bir başka "kaynağı belirsiz" bilgi alanı. Tarihsel olarak çıkış noktası tam belli olmayan, insanların temel karakter özelliklerine dair 9 ana tipten oluşan bir tanımlama çalışması olan Enneagram, dünyada yaygın olarak kullanılan ve üzerine bolca araştırma yapılan bir alan. AçıkBeyin ekibi olarak bizler de Enneagram konusunda dünyada sayılı isimlerden biri olan Dr. Mehmet Özdemir'in öncülüğünde bu bilgiyi araştırma ve kullanıma sokma konusunda çalışmalarımızı sürdürüyoruz. Enneagram tiplerine dair akademik ve bilimsel araştırmalarımızı bir yandan sürdürürken, diğer yandan bu konunun uygulama alanlarını ve olası potansiyellerini de derinlikli olarak araştırıyoruz. Bu açıdan Dr. Mehmet Özdemir'in yakında Tuti Kitap etiketi altında sizlerle buluşacak *Pratik Enneagram - Enneagram ile Bireysel Tanımlama (BİTA)* adlı kitabının, konuyla ilgili önemli bir açığı gidereceğine inanıyorum. Detaylarını daha sonraki çalışmalarımıza bırakarak, bu konuyla bireysel düzeyde ilgilenmenin faydalarına tekrar bu vesile ile vurgu yapmak isterim. Birlikte çalıştığınız insanların yahut aile bireylerinizin Enneagram tiplerini öğrenmenin ilişkilerinizde önemli bir farklılık yaratabileceğini söyleyebilirim.

o zamanların bilgi birikimi ve bakış açısı çerçevesinde oluşturulmuş anlayışlar ve yöntemlerdir. Bu temel farkı göz önüne almadığınızda, bilimsel yöntemle eğitim almış bir zihnin tüm bu tip kadim gelenekleri "saçmalık" olarak yaftalaması sadece birkaç saniye sürer. Zira bu yöntemlerin bilimsel araçlarla sınanmaya çalışılması, çatalla çorba içme örneği gibi hemen her zaman beyhude ve sonuçsuz bir çabadır.

Örüntüsel bilgiler uzun zamana yayılmış ve birikmiş gözlemlerden oluşur. Bu gözlemler, veriler şeklinde değil daha ziyade "izlenimler" ve "ilişkiler" cinsinden kaydedilmiştir. Mesela epeyce tartışma konusu olan astrolojiyi "bir bilgi biçimi" olarak ele alalım.[58] Ben astroloji bilmem, hayatımda da kullanmam. Fakat özellikle bu konunun uzmanları ve uygulayıcıları ile çokça görüşmem, konuyla ilgili muhtelif okumalarım oldu. Yıllar içinde özellikle örüntüsel bilgi denen şeyi anlamaya başlamamda, kadim astroloji tarzıyla tanışmam önemli bir basamak oluşturmuş olmalı. Zira öğrendim ki astroloji, aslında o gazete köşelerinde yazan burç yorumları ile ilgili bir konu değilmiş. Astroloji (yahut eski adıyla ilm-i nücum) aslında, hayattaki olaylarla gök cisimlerinin pozisyonları arasındaki ilişkilerin örüntülerini kullanan bir yöntem. Belki binlerce, belki on binlerce insanın ve olayın "zamansal ve karakteristik özellikleri" ile gök cisimlerinin ilişkilerine ve örüntülerine odaklanan kadim bir bilgi biçimi. Diğer bir deyişle, en temelde, daha önce *Kimsenin Bilemeyeceği Şeyler* adlı kitabımda öyküsünü kısaca aktarmaya çalıştığım "Salih Amca"nın 12 günlük tabiat gözleminden yola çıkarak 12 aylık hava tahmini yapabilmesine benzer bir bilgi biçimi bu aslında. Yıldız ve gezegenlerin konumları insanların kaderlerini belirlemiyor; buradaki temel düşünce tüm evrenin, küçükten büyüğe, birbirine bağdaşık ve iç

58 Tam burada, bu kitabı okumayı bırakacak çok kişi olduğunu biliyorum. Zira astroloji vs. denince resmen yerinden zıplayan ve kendilerine "şüpheci" diyen bir kitle var. Onlara göre bilim dışında bir şey yok ve bilim bir gün her şeyi açıklayacak. Elbette görüşlerine saygım var ama onlar için bir hayli üzülüyorum! Bu bölümde enine boyuna anlatmaya çalıştığım "konfor alanı" meselesinin en sofistike örneğini oluşturduklarını da bu vesile ile hatırlatmak isterim. Çoğu, reddettiği şeyin ne olduğunu bilmeden reddeder ve üzerine "kitaplar" bile yazar. Gayet insanî ve anlaşılır bir sorundur bu...

içe yuvalanmış (fraktal) döngüler içinde hareket ettiği ön kabulüne dayanıyor. Dolayısıyla (teoride) yeterince uzun süre bakarsanız bu tekrarların "örüntülerini" çözebilir ve bu sayede "nasıl bildiğinizi tam olarak açıklayamasanız bile" ilginç bazı tekrarları görüp, onları yorumlayabilirsiniz. En azından astrolojinin kadim kökenlerinin böyle bir iddiası var.

Şimdi böyle bir iddiayı bilimsel olarak nasıl çalışırsınız? Bilimden biraz anlıyorsanız, bunun pek de kolay bir iş olmadığını fark edersiniz. Zira bilimin birçok kıstasının yakınından bile geçmeyen bir yöntemdir bu. Kişiseldir, tekrarlanamaz, kesinliği düşüktür ve ancak çok genel "bilgiler" verebilir. Öte yandan psikolojide yıllardır "gestalt" olarak bildiğimiz "bütüncül algı" ve modern sinirbilimde "girift örüntü algısı" (complex pattern recognition) dediğimiz fenomenlere biraz yakından bakarsanız bilimsel açıklama çabalarının bunlar hakkında da aynı derecede aciz kaldığını görürsünüz. Mesela biz insanlar, küçük birer bebekken konuştuğumuz lisanı böyle öğreniriz. Sadece lisan değil, birçok temel becerimiz, parçalarına hiç dikkat etmediğimiz bütüncül örüntüler şeklinde öğrenilir ve uygulanır. Yürümekten konuşmaya kadar tüm becerilerimiz, (nasıl çalıştığını tam olarak bilmesek de) beynimizin bu örüntüsel algı sistemiyle kazanılır. Astroloji veya Çin tıbbı gibi yöntemlerde bahsedilen şey de tam olarak "ileri derecede girift" bir örüntü tanıma süreci olabilir.

Henüz dil öğrenme gibi en basit düzeydeki örüntü tanıma sistemlerimizi bile bilimsel olarak izah edememişken, böyle büyük bir iddiayı araştırma, hatta bilimsel olarak yanlışlama iddiası, "neyle uğraştığınızı bilmediğinizden" başka bir şey göstermez. O nedenle ne zaman böyle alanlar hakkında birileri "sahte bilim" (pseudoscience) yaftasını kullansa içimi bir hüzün kaplar. Çünkü neden bahsettiklerini bilmeyen insanların o sarsılmaz özgüvenleri, aslında hüzün vericidir.

Elbette "astrolog" unvanıyla düpedüz zırvalayan ve birilerinin saflıklarından çıkar elde eden kişiler hiç de az değildir. Fakat bu durum "astroloji" diye bir kadim bilgi alanının var olduğu ve bu alandaki insanların aslında istismar yöntemleriyle hiçbir alakası olmadığı gerçeğini değiştirmez. Gazete köşelerinde veya internet sayfalarında yıldız falı yazan açıkgözlere bakıp "astroloji hakkında fikir edindiğini" sanmak, aslında sadece *korkuluk safsatası* (strawman fallacy) adıyla bilinen çok yaygın bir mantık ve yöntem hatasıdır.[59]

Bu kitaba bu konuyu almakta çokça tereddüt etsem de[60] meseleyi burada kısaca noktalayarak, bilimin sınırları ile olan ilgisi yönüne dönmek istiyorum. Bilimin henüz cevaplayamadığı ve belki de hiçbir zaman cevaplayamayacağı sorular, hayatımızda var olmaya devam ediyor. Bu sorulara verilebilecek olası yanıtları araştırmak için, elimizdeki yönteme tapmayı biraz bırakıp açık görüşlülükle diğer seçenekleri de incelemeye alan bırakmamız önemlidir.

Açık görüşlülük, ortada gezinen iddialara "kuş bakışı" bir bakış atmak ile elde edilemez. İnsanların binlerce yıllık geçmişte biriktirmiş olabilecekleri deneyimin büyüklüğünü küçümsemeden, çağdaş ve eğitimli bir gözle o bilgi alanlarına tekrar bakabilmek, onların kökenlerini anlayabilmek, bize çok önemli yeni bakış açıları sağlayabilir.

Örüntüsel bilgi işleme yeteneğimiz, ilginç bir şekilde, son yıllarda yapay zekâ araştırmalarının merkezinde yer alan bir konu. Ray Kurzweil, *Yeni Bir Zihin Yaratmak* adlı çok satan kitabında, insan zekâsının bu ilginç özelliğine ve bunu yapay zekâyı daha zeki yapmakta nasıl kullanabileceğimize odaklanıyor. Elbette zihnimizin bu gizemli yeteneklerini anlamaktan henüz çok uzaktayız ama kadim öğretiler hem bize farklı bir bilgi elde etme yöntemi

---

59 Rakibin iddiasını çürütmek için orijinal iddianın çarpıtılması ve böylece zayıflatılan iddianın çok daha kolay bir şekilde çürütülmeye çalışılmasına dayanan mantık hatası.

60 Özellikle Türkiye'de birilerinin bu satırların bir kısmını alıp "astrolojiyi savunan akademisyen" diye bir nevi linçe girişmekte hiç vakit yitirmeyeceklerini gayet iyi bilmeme rağmen, konunun geleceğin aydınlık zihinlerine iyi bir düşünce malzemesi olduğuna emin olduğum için, bu kısa girişi tüm riskleri göze alarak yazmaya karar verdim. Tüm yazdıklarım, okuduklarından bir şeyler öğrenme ve düşünme niyeti olanlar içindir; gerisinin benim için pek bir kıymeti yoktur.

sunabilir hem de bu karmaşık örüntü algılama sistemimizle ilgili yepyeni bilimsel sınama alanlarını görmemizi sağlayabilir. Bu konuya eğer kısmet olursa daha sonra (muhtemelen bir başka kitap çalışmasında) detaylı olarak yer vermeye çalışacağım. Fakat burada özellikle genç araştırmacı adaylar için vurgulamak istediğim mesaj şu: **Sınırları zorlamak sorulmayan, sorulması yasaklanan soruları sorabilme cesareti ister. O cesaret varsa ödülü de büyük olacaktır.**

Evrimsel Sınırlar: Çoktan fark etmiş olacağınız üzere, *İnsanın Fabrika Ayarları* anlatısı neredeyse tamamen insanın nöroevrimsel bir bakış açısıyla yeniden değerlendirilmesi üzerine oturuyor. Doğal ekosistemin sıra dışı bir parçası olan ve çağlar boyu bu sistemin içindeki yerini sıklıkla unutan insan, günümüzde kendine başka bir açıdan daha bakma fırsatına sahip. Bu bakış açısı, onun evrimsel tarihine ve biyolojik bir canlı olarak sistemdeki yerine dair yeni ve şaşırtıcı bilgilerin derlenmesiyle ortaya çıkıyor. Bu bakış açısının bize gösterdiği en temel gerçeklerden biri, insanın diğer tüm canlılar gibi canlılığın temel kurallarıyla bağlı ve bunlarla sınırlı bir canlı olduğu gerçeği...

Son on bin yıldır kültürel evrimi biyolojik evrimini geride bırakacak kadar etkili hale gelen insan, bu gerçek sınırları genellikle unuttuğu için ciddi yanılgılara düşüp sıklıkla kendini kendi eliyle yarattığı felaketlerin içinde buldu. Yerleşik hayata geçmenin ve şehirleşmenin "hediyelerinden" olan salgın hastalıklar, savaşlar, aşırı kirlenme, doğal çevrenin yozlaşması, yabancılaşma ve yalnızlaşma, türümüzü sıklıkla ziyaret eden uyarıcıların sadece küçük bir bölümü. Biyolojik evrimsel sınırlarımıza dair bilincimizi yitirdiğimiz her durumda tabiat karşımıza şu veya bu şekilde bir uyarı çıkartacak şekilde ayarlanmış gibi duruyor. Ama insan maalesef çoğu kez bu uyarılardan etkilense de ders alma konusunda iyi bir performans gösteremiyor.

Bugün artık "insan bedenini ve beynini uyarlamaktan" bahseder olduk: Teknolojik girişimlerle bedenlerimizi daha üst (!) bir versiyona çıkartmayı hayal eden ciddi bir düşünce hatası var. İnsanı doğru dürüst anlamadan, onun milyarlarca yıllık bir Ar-Ge ürünü olan bedenine istediği gibi müdahale edebileceğini düşünen bu çocuksu merakın faaliyetleri, ciddi bir biçimde hayatımıza girmeye hazırlanıyor.

Ürettiğimiz bilgisayarların ve ne kadar hassas olurlarsa olsunlar tüm elektronik ekipmanların aslında kategorik olarak taş baltalardan çok da farklı olmadığını biliyoruz. Bedenimizi taş çağındaki teknolojiyle "iyileştirmeye" çalışmak ne kadar akıllıca bir düşünceyse, bugünkü "tekillik" (singularity) ayarları da o kadar akıllıcadır. Teknolojinin geliştiğine hiç şüphe yok; elbette hayret verici şeyler oluyor. Fakat biyolojinin akıl almaz karmaşıklığı yanında bizim hayal ettiğimiz olası teknolojik ufuklar bile pek ilkel kalıyor. En azından, gelişkin laboratuvarlarımızda cansız hammaddelerden rahatlıkla üretebildiğimiz bir protoplazma yığınına "can vermeyi" başarana kadar, bu sınırsız isteklerimize biraz gem vurabilsek pek iyi ederiz diye düşünüyorum.

Evet, sınırlarımızı zorlamak tabiatımızda var. Ancak bu tabiatı anlamaya çalışmak ve bu tip konularda biraz daha saygılı, biraz daha mütevazı bir bakış açısını benimseyebilmek, esas başarıdır. Fakat buradaki sınırımız, doymak bilmez deneme ve bilme arzumuza, kendi hayrımıza olacak bir gem vurabilme kararlılığı gösterebilme konusunda karşımıza dikiliverir. Bu konuda insan hemen her döneminde sıklıkla inatçı ve şımarık bir tavır sergilemekten geri durmamış gibidir. Dün Babil Kulesi'ni inşa edenlerle bugün "doğaya işkence ederek sırlarını çözmeye çalışanlar" aslında aynı sınırın, aynı döngünün içine sıkışmış zihinleri paylaşırlar.

Evrimsel sınırlarımızı doğru bir biçimde fark etmek, hayatımızı ve alışkanlıklarımızı buna göre dönüştürebilmek, akıllıca ve bilgece bir hayat kurabilmek ve neticede bilim-teknoloji faaliyetlerimizi bu bağlamda nasıl yeniden ele alabileceğimize kafa yormaya başlamak, gerçekten de büyük bir sınır aşımı olurdu! Güdülerine göre değil, onlara rağmen "kadim değerleriyle" hareket edebilen insanlar, gerçek devrimleri ve güzellikleri de yaratanlardır. Biliyorum, insanlık bunu topyekûn hiçbir zaman beceremeyecek. Fakat bu kişisel olarak "insanı tanıma" görevimizi her zamankinden daha çok ciddiye almamıza ve bunları herkese anlatmaya gayret etmemize engel değil. Bir kişi her şeyi değiştirebilir ama aynı zamanda görevini ihmal eden tek bir kişi, yeri gelir, koca bir dünyayı perişan edebilir.

Kendini bilmek en zor elde edilen bilgi, kendinle mücadele etmek en büyük savaş, kendini değiştirebilmek en devrimci eylemdir.

SONUÇ

Bu bölümü, yani *İFA*'nın üçüncü kitabını yazmaya başladığımda bunları yazacağımı hiç düşünmemiştim! İnsan davranışları ve kafamızın işleyiş biçimi, kendimizinki dahi olsa bizi hayrete düşürecek kadar karmaşık ve sürprizlerle dolu. Bu bölüm "sınırlarımızı aşma" güdümüzü açıklama niyetiyle kaleme alındı. Umarım amacıma ulaşabilmişimdir. Zira bu bölüm, diğer bölümlerden mahiyet olarak oldukça farklı bir temaya odaklanıyor. Bu bölümde dokunduklarım, felsefeden psikolojiye birçok alana ve kurama doğrudan yahut dolaylı olarak temas eden konular. Ama burada benim amacım insana dair "kuramların" değil, doğrudan insanın incelemesini yapmaya çalışmak; mümkünse, yeni ve birleştirici bir çerçeve oluşturmaya gayret göstermekti.

Bir biyolog, bir nörofizyolog ve "profesyonel bir meraklı" olarak hayatımdaki en büyük muamma, her zaman Sinan Canan adıyla bildiğiniz (yahut yeni tanıştığınız) o insan oldu. Yani en fazla kendimle uğraştım ve hâlâ en büyük çabam, buradan gitmeden evvel bu muammaya dair dişe dokunur birtakım ipuçları yakalayabilmek üzerine. İşte bu kitap, bu yoldaki araştırma, okuma ve düşünmelerin bir meyvesi olarak ortaya çıktı. Bu kitaptaki, özellikle de bu bölümdeki fikir ve bilgilerin daha çok gelişeceği aşikar; ömrüm yeterse ben bir şeyler ilave ederim elbette. Ama benden sonra gelenler de bu mühim meseleye daha çok katkılar yapacaklardır. Ne olursa olsun, bilim ne kadar gelişirse gelişsin, 500 yıl sonra bile en büyük muammanın hâlâ aynı mesele olacağına eminim.[61] İnsanı anlamak, insanın mahiyetini kavramak en büyük derdimiz olmaya devam edecek.

Tüm burada yazılanlar, bu yolda ufak bir katkı olursa, ne mutlu...

61 Beş yüz yıl sonra dünyada hâlâ insanların var olması, bu satırları bir şekilde okumaları ve "zavallı, pek yanılmış" demeleri, gerçekten muhteşem olurdu ama bunların hepsi (insanın bu haliyle var olabilme ihtimali dahil olmak üzere) pek düşük bir ihtimal gibi görünüyor...

İFA
ÇIKIŞ

NÖROEVRİMSEL BAKIŞ VE TERKİPLERİN İFA'SI

BENZERSİZLİĞE DİKKATLİ BAKMAK

Benzersizlik ve yegâne olma, tüm canlıların belki de en önemli ortak özelliği. Birbirinin aynısı gibi gözüken bakteriler dahi genetik kodlarından hücrelerini oluşturan kimyasalların miktarlarına kadar her türlü parametre yönüyle farklı ve benzersiz. Boyları aynı iki insan bulabilirsiniz; cinsiyetleri aynı olanları da... Yahut göz renkleri veya birtakım başka özellikleri aynı olan insanlar bulmak da mümkün olur. Fakat her şeyleri aynı olan insanlar bulamazsınız. Genetik kopyalama (klonlama) dahi yapsanız, bir insanın aynısını üretmeniz mümkün değildir. "Plan" olarak belki aynısını[62] yaparsınız ama nihai ürünü çıkartan sadece "plan" değil, o planın nasıl, ne şartlarda ve hangi koşullar etkisinde gerçekleştirildiğidir.

Henüz laboratuvarda insan kopyalama yapılmadığını düşünüyoruz (yani inşallah yapılmamıştır) fakat aslında kelimenin tam anlamıyla "klon-kopya" insanlarla çok eskiden beri birlikte yaşıyoruz. Bunlar, bildiğimiz tek yumurta ikizleridir. Bu ikizlere "tek yumurta" ikizi denmesinin nedeni; tek bir sperm ve yumurtanın birleşmesinden oluşan tek bir "zigot"un, normalde bir tek yeni canlı meydana getirecekken, ilk bölünme aşamaları sırasında bilmediğimiz bir nedenden ötürü iki parçaya ayrılması ve bu iki

---

62 "Aynısı" sözcüğü lafın gelişidir. Yapı planları aynı olsa bile bu fiziksel dünyada aynı yeri işgal edemeyen iki farklı maddesel nesne, farklı atomlardan oluşan iki ayrı beden "aynı" olamaz. Bulundukları mekân alanları ve kuantum alan potansiyellerine kadar aynı gibi duran şeyler, aslında evrenler kadar farklıdır. Dolayısıyla bu dünyada "aynı" olan iki varlık bulunamaz.

parçadan özdeş iki yavrunun meydana gelmesidir. Yani bu yavruların genetik yapıları birbirleri ile tıpatıp aynıdır. Halbuki bu yavrular doğup büyümeye başladıklarından kısa bir süre sonra iki farklı insan olurlar. Sadece isimleri ile değil; zevkleri, tercihleri, eğilimleri, korkuları ve düşünceleriyle de gittikçe farklılaşmaya başlarlar. Tek yumurta ikizlerinin parmak izleri, retina damarları, ses tonları, göz bebeği desenleri, damar dallanmaları ve bedensel detaylarını oluşturan tüm desenleri; hepimizde, tüm canlılarda, hatta tüm maddesel nesnelerde olduğu gibi birbirlerinden farklı ve benzersizdir. Birbirlerine benzerler ama aynı değildirler.

Benzerlik bizim sınıflandırmacı (kategorik) zihnimizde karar verdiğimiz bir nitelemedir. Anne babalar genellikle tek yumurta ikizlerini hep aynı şekilde giydirip kafiyeli isimlerle adlandırsalar da onları her gün gören kendileri başta olmak üzere yakınlarındaki insanlar, aralarındaki belirgin farkı çok kolay görebilirler. Başkaları dışarıdan bu iki insanı aynı gibi görürken, anne babaları ve yakınları o nedenle onları kolayca ayırt eder, asla karıştırmaz. Zira aynı gibi görünen bu iki insan arasındaki farklar, aslında yeterince tanırsanız, hiç de küçük değildir.

Dahası da var: Nadiren de olsa, bazı genetik olduğu düşünülen nöropsikiyatrik hastalıklar (mesela şizofreni) tek yumurta ikizlerinin bir tanesinde ortaya çıkabilirken diğerinde görülmeyebilir. Bu biyolojik olarak çok çarpıcı bir örnektir çünkü yirminci yüzyılın son çeyreğinden beri canlılıkla ilgili her şeyin "genetik" olduğunu, kaderimizin genlerimizdeki programla belirlendiğini düşünmeye çok eğilimliyiz. Bunda, 90'lı yıllarda başlayan ve etkisi hâlâ devam eden "İnsan Genom Projesi"nin halkla ilişkiler (PR) kampanyalarının büyük etkisi var. "Bu hastalık genetik." yahut "Bizde genetik olarak şu var." gibi ifadeler adeta halk arasındaki günlük dile yerleşmiş durumda. Bugün bilimsel olarak genlerimizin kaderimiz demek olmadığını çok iyi bilmemize rağmen, bu bilgi kültürümüze "genetik belirlenimcilik (determinizm)" kadar kolay işlemedi. Nedeni ise oldukça açık: Basit etki-tepki cinsinden açıklamalar çoğumuzun hoşuna gider çünkü bunları kolay anlar (yahut anladığımızı sanır), kolayca anlatır (yahut anlatabildiğimizi sanır) ve hemen içselleştiririz (ya da bize öyle gelir). Ama "Çok faktör etkilidir; öyle sadece bir tek şeyle açıklanmaz." gibi müphem ifadeler, özellikle kamu zihninin çok sevdiği ifadeler değildir. Bizler hazır, formülasyonlu çözüm ve açıklamaları severiz. En azından beynimizin "bir kısmı" buna bayılır. Öte yandan bir şeylerin "genetik" olması bizi bir hayli sorumluluktan da kurtarır. Öyle ya, kanser olacaksam zaten olacağımdır veya tam tersi, bazılarımız kansere doğuştan dayanıklıdır. O nedenle "kaderimize karşı gelmeye çalışmak" gibi beyhude bir çabaya girişmek saçmadır. Kafamıza göre yaşar gideriz. Bu tip düşünceler her ne kadar "karanlık" gibi gözükse de bizi rahatlatır. Çünkü her şeyin önceden belirlendiği bir dünyada "yapabileceğimiz pek az şey vardır".

MADDEYİ KULLANAN BİR "FİKİR": CAN

Sadece canlılık değil, tüm maddî evren benzer bir akıl durdurucu karmaşıklıkla karşımıza çıkar. Eğer yakından bakmazsak bu durum bizi rahatsız etmez ki zaten o durumda bunu göremeyiz. Zihnimizin sınıflandıran ve etiketleyen bölümleri, "ağaç, taş, rüzgâr, insan" gibi kategorilerle etrafımızdaki oluş ve biçimleri bizim için sınıflandırır, genellemeler ile işlerimizi kolaylaştırır. Bu bir rahatlık perdesidir ve aynı zamanda gerçeğin baş edilmez karmaşıklığını gözümüzden gizleyen büyük bir nimettir. Ama "anlamak" için bu perdeyi aralamak, perdenin ardında gizlenenlere göz atmaya niyet etmek şarttır. Aksi takdirde zihnimizin sırf bize kolaylık olsun diye otomatik olarak ürettiği bu "kategorik" gerçekliği tek gerçeklik olarak algılayıp, bunun içine hapsolma gibi bir risk her zaman karşımızdadır. Ayrıca maalesef ki çağlar boyu çoğu insan bu hapishanenin içinde ömür çürütmek zorunda kalmıştır...

Bu kategorik perdeyi aralayıp da varlığa incelikli olarak bakmaya başladığımızda ise, aslında çoğu zihinsel olan bu kategorilerin ötesinde, varlığı oluşturan her bir parçanın kendine özel yapısını fark etmeye başlarız. Kırılan camların hiçbir zaman aynı desenle çatlamadığını, iki yıldırımın tıpatıp aynı şekilde düşmediğini, başımızın üzerinden geçen bulutların bir daha asla aynı şekilde görünmeyeceğini fark ettiğimizde, bakışımız otomatik olarak kendimize ve kendi benzersizliğimize dönmelidir. Kategorik olarak canlılardan bir canlı, bedenlerden bir beden, insanlardan bir insan olsak da benzersizliğimizin bizi ne kadar yegâne ve karmaşık yaptığını anlamaya başlarız. İşte bu kategoriler içinde her bir varlığı tek başına bir evren yapan şey; o varlığın tüm planı, zamanı ve varlık deneyimi tarafından şekillendirilen özel "terkibi" yahut bileşimidir.

Hepimiz son derece karmaşık bileşenlerin farklı oranlarda birleştiği bir terkipten müteşekkiliz. Terkibimiz sabit de değil; her an değişiyor. Bu değişim, yapımızın ayrılmaz bir parçası. Yaklaşık yedi yıl içinde bedenimizdeki neredeyse tüm hücrelerin yenileri ile değiştirildiğini biliyoruz. Yani maddesel olarak yedi yıl önceki halimizle neredeyse ilişkimiz yok.

Zaman boyunca taşınan ve adına "ben" dediğimiz o bedenle zihin, maddeden çok bir enerji yahut bir "fikir" gibidir. Suda ilerleyen dalgalar nasıl ki su moleküllerini bir aracı olarak kullanırsa "biz" de maddeyi "beden" olarak benzer bir şekilde kullanırız. Su dalgalarına yakından baktığınızda, dalga suda belli bir yöne ilerlerken su moleküllerinin aslında yer değiştirmediğini, sadece dalganın hareket yönüne dik olarak geçici bir salınma hareketi yaptığını görebilirsiniz. Yani su, dalganın enerjisine sadece "aracılık" eder, dalganın kendisi değildir. Sadece geçici olarak onun yapısına iştirak eder ve sonra bir sonraki dalgayı bekler. Hareketi kendinden değil, dalganın enerjisindendir. O enerji olmadan dalga da olmaz. Dalga ise geçtiği her yerde farklı su veya hava moleküllerini kullanarak varlığını devam ettirir. Çizmeye çalıştığım bu görsel misalde "esas olan" dalga, "geçici olan" ise suyun hareketidir.

Hayalen de olsa bir su dalgasını tek bir noktadan "yavaş çekimde" izleyin ve hayatınızın değişik evreleri ile karşılaştırın: Önce su yüzeyi durgundur, hareketsizdir (cansızdır). Dalganın enerjisi o noktaya ulaşınca, bir kıpırdanma ve ardından yükselme başlar (hareket, döllenme, ilk hücre). Yükselme gittikçe artar; suyu oluşturan trilyonlarca molekül, dalgayla karşılaştıkları noktada "yukarı" doğru harekete geçer (gelişme, zigottan fetüse giden yol). Olan bitene çok yakından ve çok yavaş bir "çekimde" bakarsanız, su moleküllerinin birdenbire "ayaklanmaya" karar verdiğini zannede-

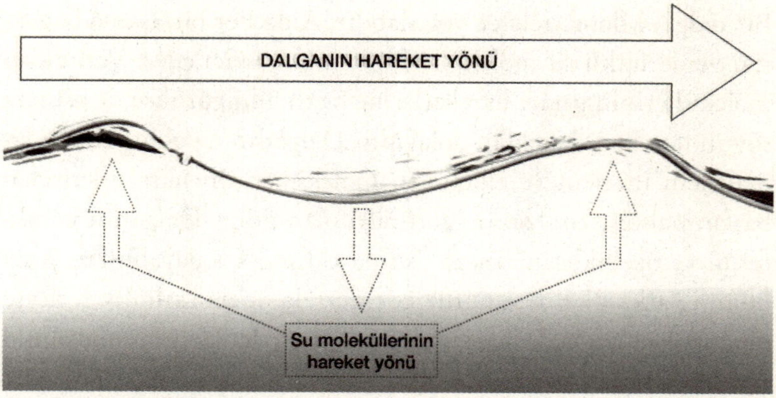

GÖRSEL 13

bilirsiniz (kendinden ve otonom görünen biyolojik hadiseler, biçim oluşumları). Bu ayaklanmayı olabildiğince "ağır çekimde" izlerseniz, uzunca bir zaman boyunca, yavaşça ve kararlı bir şekilde devam ettiğini görürsünüz (büyüme ve gelişme). İlk başlarda oldukça hızlı ve acelecidir bu yükselme (çocukluk ve gençlik dönemleri). Derken bir süre sonra yavaşlamaya başlar, zira dalganın "tepesi" baktığımız noktaya yaklaşmaktadır (erişkin olma, büyümenin yavaşlaması). Sonra bu dikine hareket ağırca durur; biraz bekler ve tam ters yönde "düşüş" başlar (yaşlanma, katabolizma). Düşüş de aynen yükseliş gibi ama onun tam zıddına hızlanarak devam eder. Bu hızlanma, su seviyesi dalga gelmeden önceki noktaya dönene kadar artar (ölüme gidiş). Su eski seviyesine aniden gelir ama orada durmaz (ölüm anı). Ardından su molekülleri ilk baktığımız durgun haldeki seviyelerinden daha aşağı bir noktaya doğru hızla hareket etmeyi sürdürür (maddesel bedenin ayrışması, çürüme). Hemen ardından da yavaşlayarak daha derinlerde durur (ayrışmanın tamamlanması); tekrar yükselerek eski seviyesine gelir (cansız maddeye dönüşme). Artık tek yapacağı, bir sonraki dalganın enerjisi gelene kadar orada hareketsiz olarak durmaktır.[63]

63 Bu "dalga" benzetmesini istediğiniz düzeyde geliştirebilirsiniz; dalga metaforu oldukça verimli bir metafordur. Mesela hiçbir dalganın tek ve ayrık bir dalga olarak görünmediğini, ardışık "harmonikler" şeklinde küçük birçok dalga tarafından takip edildiğini bilenler bunu hemen "farklı düzeylerdeki canlılık seviyelerine" göre de yorumlayabilirler. Belki bu meseleyi ileride ayrı bir bölüm, hatta bir "dalga risalesi" olarak yazmak iyi bir fikir olabilir.

Bir dalga, kilometrelerce yol alabilir. Ama her bir aşamada geçtiği yerde farklı su moleküllerini kendine aracı eder. Varlığı, su moleküllerinin geçici hareketlerine bağlı gibi gözükse de aslında suyun hareketi dalgadan dolayıdır. Dalganın ne olduğunu anlamak için incelemeye elbette su moleküllerinin hareketlerinden başlanmalıdır, zira zâhir (görünür) olan odur. Dalganın karakterini ve özelliklerini ancak "su"yu çalışarak anlayabiliriz. Ama bunun "arka planına" nüfuz edemezsek, adeta, kurallı görünse de anlamsız ve hedefsizmiş gibi gelen bir hareket cümbüşünün ortasında biçare kalakalırız.

Teşbihen de olsa hayatımız; işte aynen böyle tek bir dalga gibi, maddenin belli bir organizasyon içinde değişime uğraması ile deneyimlediğimiz, nedenini anlayamadığımız, mekanizmasını çözemediğimiz, kodları bizim için çok erişim dışı görünen gizemli bir muamma. **Ruhsal yahut metafizik açıklama çabalarına hiç atıf yapmadan, sadece maddesel olarak baktığımızda bile hayatın "maddeyi aşan" bir yönü olduğunu rahatlıkla fark edebiliriz.**

Tabii eğer insafımız ölmemiş ve zihnimizi *sadece* "yükselip alçalan su moleküllerinin hareketleri" üzerine kilitlememişsek...

CANLININ KODLARINI ÇÖZEMEMEK

Benim üniversiteye başladığım yıllarda İnsan Genom Projesi henüz yeni yeni konuşulmaya başlanmıştı. Bir biyoloji öğrencisi olarak meselenin ateşine kendimizi kaptırmamamız mümkün değildi. Yüz binlerce belki milyonlarca genden oluştuğunu düşündüğümüz "yaşamımızın planı" DNA moleküllerimizin dizilimi çıkartılacak, milyonlarca kitaplı bir kütüphaneye denk bu bilgi artık gözlerimizin önüne serilecekti. Genom Projesi tamamlandıktan sonra o gün başımıza dert olan başta kanser ve gelişim bozuklukları olmak üzere nice hastalık, aynen çiçek hastalığında olduğu gibi tarihe karışacaktı. Neredeyse hepimizi böyle "kutlu" bir zamanda biyoloji öğrencisi olmanın heyecanı sarmış durumdaydı desem abartmış olmam. Fakat Nisan 2003 tarihinde İnsan Genom Projesi'nin tamamlandığını çok az insan duydu. Bizler de unutmuştuk mevzuyu; hasbelkader sorunca öğrendik. 10 yıl kadar bir sürede, umutlarımızın çoğu suya düşmüştü. Bir kere milyonlarca yahut en azından yüz binlerce genin[64] sırrını çözmeyi beklerken, önce insandaki gen sayısının 300 bin civarında, sonra ancak 100 bin civarında olabileceği bilgileri geldi. En sonunda elimizde topu topu 20 bin kadar genle kalakaldık.

Evet, o devasa insan genomunda 20 bin civarında gen vardı ve bunların çoğu da "evrimsel artık" olarak niteleyebileceğimiz, işlevsiz (veya bildiğimiz genler gibi işlevsel olmayan) ve adına "çöp (junk) DNA" dediğimiz parçalardan oluşuyordu. Kısacası, elimizdeki "bir gen/bir enzim" şeklinde ifade edilen ve bize biyolojide "merkezi dogma" olarak öğretilen varsayımımızın çöktüğü aşikardı. Çünkü canlı bedenlerdeki karmaşık işleyiş kümelerini açıklamak için yeterli bilgi sunmuyordu bize. Bugün proteomiks (protein moleküllerinin ortaya çıkışı sırasında gerçekleşen farklılaşma ve varyasyonların işleve yansıması), sistem biyolojisi (biyolojik olayları tekil ve izole hadiselerden ziyade sistemdeki karmaşık etkileşimler üzerinden açıklama çabası) ve epigenetik gibi isimler altında bu çaresizliğimiz için bir çıkış noktası bulmaya çalışıyoruz. Çaresizliğimiz, akıl ve analiz kapasitemizi katbekat aşan bu biyolojik karmaşıklığa anlamlı bir açıklama getirme konusunda. Öyle görünüyor ki varlığı parçalarına ayırıp onları inceleme yoluyla bütünü anlayabilme ümidi taşıyan "indirgemeci (redüksiyonist)" bakış açısı, bizi bu çaresizlikten kurtarmaya yetmeyecek ve belki de bu çaresizliğin ana nedenini oluşturmaya devam edecek.

Formülleri ve basit açıklamaları seven, onları hemen benimseyen zihin bölümlerimiz, bu indirgemeci bakış açısını da çok sever. Birileri "Bu şundan dolayı böyledir." dediğinde, onların uzmanlığına güveniyorsak bunu hemen tek doğru olarak kabul etme

64 Genler, DNA dediğimiz molekülün işlevsel parçalarıdır. Her bir gen, teoriye göre, ayrı bir proteinin nasıl yapılacağına dair parça dizim talimatları içerir. Proteinler aminoasit denen bileşenlerden üretildikleri için, genler, hangi aminoasitlerin hangi sırayla bir araya getirileceğine dair talimatları saklarlar. Proteinler de buna göre inşa edilirler. Bir canlıda ne kadar gen varsa canlı o kadar farklı protein üretebilir. Genlerin protein üretimine veri sağlayabilmeleri için "açık" yahut işlevsel olmaları gerekir. Fakat bugün DNA'mızdaki genetik bilginin büyük bir kısmının "kapalı" olduğunu yani bildiğimiz anlamda protein üretme işlevinde görev almadığını biliyoruz (junk DNA).

eğilimindeyizdir. Ama söyleyen kişi bizim için "güvenilmez" diye kategorize edilmiş bir sınıftansa, o zaman bu sözlerin bir anlamı yoktur. (Hatta aynı şeyleri "güvenilmez" kategorisindeki bir kaynaktan duyarsak bu iddiaların "kötü niyetli yalanlar" olduğuna dahi hükmedebiliriz!) Bilimsel konuları anlamayı sevenler bile özellikle büyük meselelerle ilgili açıklama ve yorumları, bilgilerin sıhhatinden ziyade, kaynağın güvenilirliği nispetinde kabullenir veya reddederler. Zira hiçbirimizin bu kadar karmaşık konular üzerinden doğru ve yanlışı değerlendirebilecek bilgi, birikim ve deneyimi yoktur. Bu son iddia uzmanlar için de (hatta daha da fazla) geçerlidir. Uzmanlar, belli alanlara çok fazla zaman ve enerji yatırıp diğer bilgi alanlarından uzak kaldıkları için büyük resmi görmekte sıkıntı çekerler ve yaptıkları genellemeler genellikle uzun vadede hatalı olma riski taşır. Uzmanlık tek başına kötü bir şey değildir ama uzmanların genelleme yapması, birçok sakıncalara gebedir.

UZMANLAR NEDEN ANLAŞAMAZ?

Televizyon programlarında sağlık üzerine yapılan bazı oturumlarda, "uzman" konukların "temel konularda" kavga ettiklerine şahit olmuş olabilirsiniz. Bu garip bir durumdur çünkü hem ortak yöntemleri olan "bilim", üzerinde böyle kavga edilebilecek kadar kişisel ve müphem bir şey değildir hem de bahsettikleri konu aslında aynıdır: İnsan ve sağlığı. Fakat birçok konuda ihtilafa düşen uzmanlar, evde oturup bir şeyler öğrenmek yahut sadece vakit geçirmek isteyen seyircilerin kafasını had safhada karıştıracak bir yenişme mücadelesinin içine sıklıkla girerler.

Televizyon ekranlarında, ne yiyip ne yemeyeceğimizden tutun, hangi hastalığın nasıl tedavi edilebileceğine kadar yapılan tartışmaların faydadan çok zarar verdiği kesin. Zira izleyen insanların konuşulan konular hakkında doğru-yanlış ayrımı yapabilecek bilgi birikimleri olmadığından, bazen en çok bağıranı yahut diğerine "programı terk ettirebileni" haklı sanabiliyorlar. Bir programda "Falanca vitamini almazsanız ölürsünüz!" diyen bir araştırmacı, altı ay sonraki benzer bir programda aynı vitamin için "Gerek yok, alırsanız kanser olursunuz." diyebiliyor. Bu çelişki sorulunca da "Bilim değişir." yanıtını veriyor. Evet, bilim değişir ama insan biyolojisi öyle altı ayda değişmez. İnsana tavsiye vermeye kalkıyorsanız yarın değişebilecek bilgiler üzerinden hap çözümleri değil, izleyen insanların kendileri için çıkarımlar yapabileceği ve kimsenin itiraz edemeyeceği temel doğruları anlatacaksınız.

Uzmanları dinleyerek hayatları hakkında doğru bilgileri almak ve bu bilgilerle hareket etmek isteyenlerin de burada önemli bir sorumluluğu çıkıyor karşımıza: **Hiçbir uzmanda gerekli bilginin tamamı; daha da fenası, "tam olarak doğrusu" bulunmaz. Bilgiyle hayatına katkı sağlamak isteyen herkesin temel düzeyde bilgiyi doğru kullanabilir bir yöntemler dizgesi geliştirmesi gereklidir.** Alınan her türlü bilgi; kişisel ihtiyaç ve tecrübe süzgecinden geçirilerek dönüştürülmez, üzerinde tefekkür edilerek içselleştirilmez ve denemelerle sınanmazsa, zihinsel kalabalık oluşturmaktan başka bir işe yaramaz. Bilginin her yerde bulunduğu çağımızda sıklıkla karşımıza çıkan kahredici cehalet örneklerinin temel nedeni bu "sorumsuzluk"tur. Bizler bilgiyi bir bilgisayarın işlediği gibi işlemeyiz; zihnimizin görevi verileri depolamak ve "metin içinde arama" özelliği gibi bir arama yöntemiyle lazım olduğunda arayıp bulmak değildir. **Bilgi bizi değiştiren ve dönüştüren şeydir.** Neye ve ne yöne dönüştüreceğini ise bizim aldığımız bilgi ile olan zihinsel-duygusal ilişkilerimiz belirler.

Özetle, yaşam hakkında yazılan her şey bana göre her bir insana "Nasıl daha iyi yaşayabilirim?" sorusunun cevabını kendi başına düşünebilmesi için verilen ipuçlarıdır. "Uzmanların dediğine göre" değil, "anladığım kadarıyla" yaşayabilirim. Anlamaya çalışmak, derinleşmek, temel bilgi ve uğraş alanı ne olursa olsun "sorma" ve "bilme" cesaretini gerekli düzeylerde gösterebilmek, doğru bir hayat inşa etmenin başlangıcıdır.

Anlama sorumluluğu hepimize aittir; bir başkasına geçici olarak dahi olsa devredilemez.

Elinizdeki metin de bazı bilimsel konularda uzmanlık payesi verilmiş ve hayatını araştırmayla geçirmeye niyetlenmiş birisi tarafından yazıldı. Tüm bunları, doğru olduklarını düşündüğüm, kanıtlar ve deneyimlerim "öyle gösterdiği" için yazdım ve sizlerle paylaşmaya niyet ettim. Fakat insanın nöroevrimsel yapılandırılması yahut diğer adıyla "İnsanın Fabrika Ayarları" konusunda "son sözü" söyleme iddiasına girişirsem, bu sadece cehalet ve aptallığımın izharı olurdu. Bu sayfalar boyunca karşınıza sermeye çalıştığım bilgi ve yorumlar, sizinki gibi bir zihnin, farklı bir yaşam ve onun veri kümesi içinde gördüklerinden derlemeye çalıştığı bakış açılarıdır. Maddenin, canlının ve insanın bu karmaşıklığı ve benzersizliği içinde her şeyi açıklayabilecek, tüm dertleri çözebilecek bir metin yahut öğreti, bir insanın kaleminden çıkmadı, çıkmayacak. Bu tip anlatıların tek bir temel faydası olduğunu düşünerek yazıyorum: Okuyanı, kendi varlığı ve bu varlığın anlamı üzerinde düşünmeye sevk etmek. Zira siz sevgili dostlar için doğru bilgiyi ve birleştirmeyi verebilecek tek şey, burada ve benzer metinlerde anlatılan bilgi ve yorumların, sizin benzersiz zihinsel donanımınızda derinlemesine işlenmesi ve orada size has yeni bir anlama ve aksiyona bürünebilmesidir.

İFA'NIN KADİM KÖKENLERİ

Kitabın birçok yerinde kimine göre "modası geçmiş" kelimelerle, bilim dışı görünen muhtelif terim ve kavramlarla, bilimsel bilgileri (birçok insanın tepesini attırabilme potansiyeline rağmen) birlikte kullanmaktan çekinmediğimi, hatta bunun için adeta özel bir gayret sarf etmiş olabileceğimi sezenleriniz olabilir. Bunun temel nedenini metnin değişik bölümlerinde vurgulamaya çalıştım; özetle buraya da son bir not düşmem gerek:

Bilimsel bilginin değişebilir ve yanılabilir doğası, onu elimizdeki en güçlü araç haline getiriyor. Bu yanlışlanabilme özelliği, onu işe yarar kılan en önemli unsur. Öte yandan, kısacık hayatımızı nasıl daha doğru yaşayabileceğimize ilişkin başvuru kaynaklarımızda bir güven, bir değişmezlik, bir kararlılık istemek de en doğal hakkımız. Bu ihtiyacı herhangi bir akıl ve mantık dışı otoriteye teslim edip başka risklere girmektense, benim önerim, insanlığın kadim bilgisi ile bilimi birlikte kullanmanın yeni yollarını araştırmaktır.

Burada elbette bilimsel veriyi "geleneksel düşüncelere" uydurmak için esnetme hatası yahut kadim bilgiyi bilimle sınayacak kadar hâkim olamamaktan kaynaklı yanlışların oluşması gibi riskler, her zaman ortadadır. Dikkat edilmezse bu riskler faydadan çok zarar da verebilir. Fakat ne olursa olsun, bilimsel bilgiye kıymetini verecek en önemli bakış açısı; insanlığın tüm deneyimi ile biriktirip nesiller boyunca aktardığı "kadim" bilgelik unsurları ile bilimsel veriler arasındaki "rezonanslara" ve olası "armonik işaretlere"[65] kulak vermektir.

Bu metin, böyle bir çabanın dalgalanmalarından biri. Fakat bu yöndeki tek ve ilk çaba değil. İnsanlık tarihi boyunca geçerli olduğunu iddia ettiğim bir "ihtiyaçlar dizisi"nin bugüne kadar cevapsız kalacağını ve bu cevabı vermeye kalkışmanın benim gibi bir biçarenin işi olacağını düşünmek, divanelik olurdu. Halbuki genel bir perspektifle insanlığa şimdiye kadar yön vermiş büyük fikirlere kuş bakışı bakınca, ilginç bir örüntü yakalayacağımıza inanıyorum.

Bu metin temelde 5 ayar maddesi üzerine kuruldu. Bu maddeler, insanoğlunun temel ihtiyaçlarını olabildiğince sade bir şekilde kapsama iddiası taşıyor. Fakat bu beş madde tarih boyunca tüm insanlar için geçerli idiyse, daha önceden birilerinin bunları hayata bir şekilde uygulamaya çalışmış, bu çözümleri araştırmış olması gerekir. Böyle bakınca, karşımıza çıkan örüntü ilginç gelebilir.

İnsanlığın on bin yıldan uzun süredir devam ettirdiği medeniyet macerasının en önemli bileşeni, insanın "kültürel evrimi" ve elbette ki bunun içindeki inanç ve anlam öyküleri. Yeryüzünde bildiğimiz tüm inançların ise temel bazı ortak noktaları var. Bu

65 Burada müzikal terimler kullanma nedenim; aynen bir parçadaki "duyguyu" algılarken analitik yahut mantıksal/bilimsel bir yoldan ziyade "sezgisel ve örüntüsel" bir zihin düzeyini (mecburen) tercih etmemiz gibi, bilimsel bilgi ve kadim bilgelik arasındaki olası "uyumlu" denk gelmeleri de böyle "müzik dinler gibi" fark edebileceğimizi iddia etmemdendir. Birbirinden çok ayrı ve uyuşmaz görünen bu alanları, bir orkestradaki söz gelimi "vurmalı" ve "nefesli" çalgılar gibi "birlikte" dinleyebilirsek, "eser"in anlatmak istediğini daha iyi anlayabileceğimizi düşünüyorum. Elbette böyle bir anlayış herkes için aynı olmayabilir ama duygusal titreşimi çoğu kişide ortak bir deneyim oluşturacak kadar da örtüşecektir. Elinizdeki metin büyük oranda böyle bir "dinleme" gayretinin ürünüdür.

ortak noktalar ile bu kitapta sıralanan beş madde arasındaki etkileşim, ilginizi çekebilir:

1. **Harekete geçmek (İFA-1):** Tüm inançlar, insanları "bir şeyler yapmaya" teşvik eder; bunu emreder. Hemen her dinin fiziksel ritüelleri mevcuttur. Bu ritüeller, muhtelif beden hareketleri üzerinden insanlara "boş boş oturmanın" zararlarını hatırlatır gibidirler.

2. **Az yemek (İFA-2):** Yeryüzünde "oruç" ibadetinin olmadığı bir dini, neredeyse bulamazsınız. Büyük kurumsal dinlerin tamamında, belli zaman ve sürelerde açlık deneyimi (oruç), temel ve tekrarlı pratiklerden biridir. Budizm, Yahudilik, Hıristiyanlık ve İslâm gibi inançlarla bunların tüm kolları (mezhepleri) başta olmak üzere, hemen her türlü inanç disiplininde, belirli sürelerde açlık deneyimi yaşamak en azından "tavsiye" edilir. Zira bu deneyim olmadan, insanın hem beden hem zihin bütünlüğünü koruması açısından sıkıntı çekeceği en başından beri öngörülmüş gibidir. Oruç, genelde zannedildiği gibi "fakir ve aç olanların halini deneyimlemek" için değil, insanın kendini tanıması için önerilen ibadetlerin başında gelir.[66]

3. **Sosyal ilişkilerin önemi (İFA-3):** Tüm inanç sistemlerinde, hiç değilse bir "inanç kardeşliği" ve "birlikteliği" vurgusu çok temelde yer alır. Bu "din kardeşliği" öyküsü, dünyada insana dair yapılmış hemen tüm büyük işlerin (ve elbette aynı zamanda büyük yıkımların da) arka planındaki itici güçtür. İnsanın bu temel ve kadim ihtiyacını gören dinî sistemler, bu ihtiyacı "doğru ve verimli" bir yönde kullanmanın çeşitli

66 Sevgili Müge Doğan'ın hatırlatması sayesinde artık "oruç" pratiğinin özel bir önemi olduğunu düşünenlerdenim. Sadece dinî amaçlarla değil, temel biyolojik ihtiyaçlarından belli süreler boyunca uzak kalma egzersizi, aslında *İnsanın Fabrika Ayarları*'nda bahsetmeye çalıştığım tüm alanları kapsar görünüyor. Özellikle de sosyal ve ortak inançlarla birleştiğinde insanda bedensel ve zihinsel bir "hareketlenmeye" kapı açması, "beslenmeyi" kontrol altına alması, diğer insanlarla olan "ilişkiler"de geliştirici (birlikte açılan oruçlar, iftarlar gibi) yanları, zihinsel ve fiziksel yönden gereksiz "stres" unsurlarından arınmayı kolaylaştırması ve insanın "sınırlarını zorlamasına" vesile olması açısından oruç, oldukça özel bir deneyim olarak istifademize sunulmuş gibi sanki.

yollarını önerir. İnançlar, insanlara ortak hareket edebilecekleri bir anlam çerçevesi sunar. Ekonomik, fiziksel veya duygusal dünyalarını belirli vesilelerle eş zamanlı hale getirerek, insan gruplarının topluluklar halinde hareket edebilmesini kolaylaştırır. Her türlü toplumsal ideolojinin (materyalist bir kökene dayanan Marksizm'in bile) ağırlıklı bir "dinsel dil" kullanması bu nedenle bir mecburiyettir. İnsanlar mantıksal verilerle değil, duygusal motivasyonlarla harekete geçerler ve bu duygusal nedenleri, en iyi "inançlar" sağlayabilir. Belki de inanç öykülerinin insanlar için en belirleyici ve en etkili kısmı da işte bu sosyal çimento özelliğidir.

4. **Stresi yönetebilmek (İFA-4):** İlgili bölümde de detaylarıyla tartıştığımız gibi hem ölümlü bir canlı olup hem de bunun farkında yaşamanın ne kadar stres yaratabilecek bir durum teşkil ettiğini muhtemelen hepimiz biliyoruz. Bu kısacık hayatın insan isteklerine asla yanıt veremeyecek kadar yetersiz oluşu, hayatın anlamına dair bitmeyen sorgulamalar, geleceğin belirsizliklerinden gelen o bitmeyen kaygı hissi, insanlar için muhtemelen her devirde en önemli iç sıkıntısı kaynağı olmalı. Bundan dolayı inançlar "bu hayatın boşuna olmadığı" mesajlarıyla birlikte, en büyük kaygı olan ölüm ve sonrasına dair iç ferahlatan açıklamaları ile en büyük stres kaynaklarımıza çare olmaya gayret ediyor gibiler. Ayrıca, sağladıkları toplumsal faydalar ve yardımlaşma gibi düsturlarla da sosyal stresi en aza indirmenin farklı yollarını önerdiklerini sıklıkla görebiliyoruz. Her ne kadar günümüzde inançlar en büyük kavga ve stres sebepleri arasında sayılsa da temel varlık nedenleri -sakin bir gözle bakılınca- en azından yerel düzeyde, toplulukların daha "mutlu" ve "tatmin içinde" yaşamasını temin etmek gibi görünüyor.

5. **Sınırlarını zorlamak (İFA-5):** Sınırlarını aşmak, dilimizde "haddi aşmak" deyimiyle karıştırılınca sanki dinî öykülerin geneline zıt bir durumu işaret ediyor gibidir. Zira günümüzde din denince birçok insan "itaat ve kalabalıklara uyum sağlama" gibi bir çağrışımlar dizisi ile düşünmeye

şartlanmış vaziyette. Oysa ki tüm dinler aslında ortaya çıktıkları dönemin "huzur bozucu, tabu yıkıcı, zihin dönüştürücü ve devrimsel" mesajlarıdır. Sürekli olarak "ayarlarını ve varlık amacını unutmaya meyilli olan" insan topluluklarına bir şeyleri hatırlatmak için, onları rahatsız etmekten çekinmemiş önderler (peygamberler, inisiyeler yahut münevverler) "sınır aşımının" ve "devrimciliğin" tartışmasız liderleridirler. Tüm peygamberlerin bulundukları toplum ve zaman içinde ilk başta "anarşist ve düzen bozucu, eski köye yeni adet getirici" olmakla suçlandıklarını bilirsiniz. Belki bu önderlerin öğretileri, daha yaşam süreleri içinde raydan çıkartılıp yine birer "otorite unsuru"na dönüştürülerek yozlaştırılsa da mesajın kendisi "sınır zorlayıcılık" vasfını taşımaya devam eder. Yani dinî inançların kuruluş hikâyesinde, ekseriyetle bu "sınır aşımı" meselesi temelde yer alır. Diğer yandan, dinî öğretilerin çoğu, insana "sınırlarını zorlayacak şeyler yapmaları" konusunda cesaretlendirmeler ve hatta emirlerle doludur. İyilikte bulunmak, fedakârlıkta yarışmak, canını riske atmak gibi "sınır ötesi" öneriler, dinî veya din benzeri öğretilerin temel içeriklerini oluşturur.

Kısacası, *İnsanın Fabrika Ayarları* olarak özetlemeye çalıştığım hatırlatmalar, sadece benim akıl ettiğim bir liste değil ve sadece bu yakın dönemde ortaya çıkmış yeni ihtiyaçlara hitap etmiyor. *İFA* sorunu, her devrin sorunudur ve şimdiye kadar getirilen çözüm önerilerinin çok benzerlerini bugün bilimsel bilgiden de duyabilmek, bize yeni bir bakış cesaretini sağlayabilir diye düşünüyorum.

NAÇİZANE ÇIKARIMLAR

İnsanın Fabrika Ayarları başlığı altındaki bu kitap serisi, dünya hayatımız boyunca bize eşlik eden maddî bedenimiz ve beynimizin aracılığında işlediğini düşündüğümüz zihinsel donanımımızın temel nöroevrimsel ayarları üzerine, sürekli gelişmek zorunda olan bir hipotezler topluluğudur. Dünyadaki maceramız büyük oranda beden ve zihin süreçlerimizle bağlantılı olduğundan, bunları temel düzeyde anlamak, bu özelliklerin nasıl ve neden yapılandırıldıklarını kavramak, kendi hayatımızı yaşarken bize çok farklı noktalarda rehberlik ve aydınlanma sağlayabilir (en azından bende ve etrafımda işe yaradı, yarıyor).

Elbette ben hikâyenin burada bitmediğini düşünenlerdenim. Az önce "dalga" metaforuyla tarif etmeye çalıştığım gibi, maddî nedenselliğin ötesinde bir şeylere de bakmanın zorunlu olduğunu düşünüyorum. Ama hepsinden önce, maddî âlemi algılayıp onunla çeşitli düzeylerde ilişki kurmamızı sağlayan bu maddesel beden ve onun "ayarları" ile ilgili bilginin çok temel ve vazgeçilmez olduğundan neredeyse eminim. Hikâyenin tamamı olmasa da büyük kısmı, sınırlı ömür ve zihinsel kaynaklarımız da dikkate alındığında bence burada yatıyor. Tüm düşünürlerin ve kadim metinlerin vurgu yaptığı "kendini bil/tanı" tavsiyesi, hatta "emri" de bana göre tam olarak buna vurgu yapıyor. Zira kendini bilmeyen, öğrenmeye gayret etmeyen, bizzat deneyimleri ile öğrendiklerini sınamaya kalkışamayanlar, sıklıkla anlatmaya çalıştığım gibi önlerine evrenin sırlarını taşıyan bir haberci de gelse, gerçekten bîgâne kalabiliyorlar.

Herkesin biyolog yahut bilim insanı olduğu bir dünya muhakkak çekilmez olurdu. Dolayısıyla "teknik konular" ile sadece belli bir zümrenin ilgilenmesi akıllıcadır. Fakat bilgi düzeyimiz ne olursa olsun bu dünyadan ve bu yaşamdan bir "anlam çıkarmak" hepimizin vazifesidir. Öyledir, çünkü insan "anlamsız" yaşayabilen bir varlık değildir. Hikâyenin anlam ve ruhsal aygıtla ilgili kısımlarını inşallah olabildiğince yakın bir zamanda "*İnsanın Mânevî Ayarları*" (*İMA)* başlığı altında tartışmaya açmaya çalışacağım.

Buralara geçmeden, bu metinden çıkış yaparken, kitabın makul bir hacimde olabilmesi için böyle bir başlık altına yazılabilecek birçok bilgi ve yorumu dışarıda bırakmak zorunda kalmış bir yazar olarak, sizinle birkaç cümle paylaşmak isterim. Bu cümleler, burada yazılanlarla ve daha sonra bu konuda yazılacak olan her şeyle ilgili, gönlümde uyanan uyarılardan ibaret.

- **Hayatımızda bir anlam bulmak/yaratmak zorundayız.** Anlam, bu hayatın üzerine oturduğu ruhsal ve zihinsel çerçevedir.

Anlamsız ve amaçsız hareket yoktur. Atomlar âleminde "rastlantısal" zannettiğimiz tüm hareketlerin dahi bir kuralı vardır. Rastlantısallık, bizim "ilişkilerini anlamadığımız karmaşık bileşenler arasındaki etkileşimlere" yakıştırdığımız bir nitelemedir olsa olsa. Albert Einstein "Hayatı yaşamanın iki yolu vardır: Biri hiçbir şeyin mucize olmadığını düşünmek; diğeri ise HER ŞEYİN mucize olduğunu düşünmektir." derken, önümüze kadim bir tercih koyuyor. Tercih bize aittir. Kaza eseri ortaya çıktığını düşündüğümüz bir evrenden geçerken yaşadıklarımızla, mucize bir varoluşun parçası ve anlamaya mecbur bir varlık olarak yaşadıklarımız arasında belirgin fark olsa gerek. Farkı yaratan tek şey ise yüklediğimiz anlam ve tercih ettiğimiz bakış açısı. Bu tercihi çokça düşünmeliyiz...

- Yaşlanmamaya, mutlu kalmaya, tok durmaya ve ölmemeye çalışmak, hayvanî bedenin sürekli dayatmaları arasında en baş sıraları alsa da hayatı çekilmez kılan en önemli arızalarımızdır. Zıtlıklar olmadan hiçbir şeyi bilemeyiz. Yaşlılık gençliğe, hastalık sağlığa kıymet verir. **Ölümü anlamadan hayatı anlamamız olası değildir.** Ölüm, hayatı etkisizleştiren değil, tam tersine anlamlı ve yaşamaya değer kılan en önemli bilgidir. Sonsuza kadar yaşamak aslında kimsenin isteyemeyeceği kadar korkunç bir seçenek çünkü sonsuzluk, sandığımızdan çok daha uzun bir süredir. Ayarlarımızda "kendi ölümlülüğünün farkında olmak" gibi paha biçilmez bir farkındalık olduğundan, yaşanan her bir anın değeri, bu farkındalığın olmadığı canlılara göre kıyas kabul etmez derecede farklıdır. Bizi insan yapan en önemli fark belki de budur.

  Ölmemeye çalışmayın.

  Yaşayın...

- **İdeal bir insan modeli yoktur.** Şahsî ve benzersiz varlığımıza uygun sayısız model mümkündür ve hiç kimsenin ideal modeli bize bire bir uygulanamaz. Hayatınızda hazır modelleri örnek alarak değil, farklı modelleri anlayarak ilerleyin. Her bir modelin bize katacakları tartışmasız çoktur ama hazır modellerin bizi ortadan kaldırarak hayatımızı çarpıtacağı da o derece kesindir. İdeal kilo, ideal yaşam ritmi, ideal meslek ve ideal görünüm gibi mitler, kategorik zihnimizin bize oyunlarının bir başka yüzüdür. Bunlardan hızla sıyrılmamız, kendi terkibimizi araştırmamız ve ona uygun yaşam yolları keşfetmemiz gerekir.

- **Mutlu olmak için tasarlanmış canlılar değiliz.** Mutluluk, doğru ve kendi doğasında yaşanabilen anların bize verdiği bir işarettir. Arayışımız, mutluluğun ötesinde "tatmin dolu bir yaşam" olduğunda, mutluluktan çok daha doyurucu bir şeyi deneyimleme şansımız olur. Bu hal, "yaşamdan tatmin" hissetme hali yahut eskilerin "mutmain olmak" dedikleri durumdur. Gerçekten yaşamaya başlamanın yolu; maddî bedenin ötesinde, acıları ve sevinçleri ile her bir anında "tatmin" hissedilen bir yaşam anlayışından geçer. Ancak böyle bir noktaya ulaşma arzusu bizi "nefs-i râzıye"ye yani "hayattan ve Hayy'dan[67] razı" olunan bir noktaya taşıyabilir. Gözümüzü maddî bedenin ötesindeki tatminlere, sıradanın ötesindeki yükseklere dikmeliyiz. Biz buna lâyık varlıklarız.
- **Mutlak hareketsizlik, canlıda görebileceğimiz bir şey değildir.** İstediğiniz kadar sakin, dingin ve sessiz durmaya çalışın, bedeniniz her an muhteşem bir hareket senfonisi icra eder. Nefesiniz, hücresel işlevleriniz, iç organ faaliyetleriniz durmaksızın devam eder. Ama bir masa, bir defter, bir bilgisayar yahut bir kaya parçası böyle değildir. Onlar, bir âmil hareket yahut komut verene kadar hareketsizdirler. Canlı olmak böyle devamlı bir devinim, hareket ve enerji çevrimidir. Bunu bolca düşünüp, buna uygun bir yaşam tasarlamaya çalışmamız akıllıca olacaktır.
- **LÜTFEN, bu kitapta ve diğer kitaplarda yazılan hiçbir şeye peşinen inanmayın.** Verileri alın, malumatı derleyin, aklınızda çevirin, kendi hikâyenizle birleştirin, anlamlandırın ve dönüştürün... Her türlü bilgi ancak bu şekilde faydaya dönüşebilir. Okuduklarımız ve öğrendiklerimiz, kişisel anlam ve hikâye-

67 Hayy: İslâm kültüründe Allah'ın "hayat veren" anlamına gelen ismi. İnançlara göre adı değişse de hakikati hep aynı olan "başlatıcı etken"e gönderme yapar.

mizi geliştirdikçe kalıcı ve önemlidir. **Bize kendimiz üzerinde düşünme gayreti vermeyecek bir şeyi okumak, dinlemek, izlemek veya özlemek tamamen vakit kaybıdır. Fakat eğer yolunu biliyorsak her şey bize kendimizi hatırlatacaktır.**

İnsanın Fabrika Ayarları, insan olma görevini *ÎFÂ* edebilmek için bilinmesi gerekenleri özetleme niyetinden ortaya çıkmış bir metindir. Özetin bu kadar uzun olması, özetleyenin mevzuyu tam anlayamamış olmasından olabilir. Fakat bir metin bittiğinde hem yazanda hem de okuyanda "iyi ki oldu" hissini ortaya çıkarıyorsa o zaman yol doğru demektir.

Şu satır itibariyle bendeki his budur, inşallah sizde de öyle olur...

Ve...

Tüm bu yazılanlar, yeni dünyanın cesur insanları içindi.

Onlara selam olsun!

III. KİTABIN SONU

İNSANIN FABRİKA AYARLARI

I. KİTAP: BEDEN

İFA-1: Hareket

İFA-2: Az, Çeşitli ve Aralıklı Yemek

II. KİTAP: İLİŞKİLER VE STRES

İFA-3: Olumlu ve Zengin Sosyal İlişkiler

İFA-4: Düşük Stresli Bir Yaşam

III. KİTAP: SINIRLARI AŞMAK

İFA-5: Sınırları Aşmak